네이티브처럼
자연스럽고 정확한 말하기를 위한
리닛 ▶ 쌤의
영어 교정 수업

네이티브처럼
자연스럽고 정확한 말하기를 위한
리닛 쌤의 영어 교정 수업

초판 1쇄 인쇄 2025년 3월 7일
초판 1쇄 발행 2025년 3월 20일

지은이 리닛 알네자
발행인 김태웅
편집 황준, 안현진
디자인 싱타디자인
마케팅 김철영
제작 현대순

발행처 (주)동양북스
등록 제 2014-000055호
주소 서울시 마포구 동교로22길 14 (04030)
구입 문의 전화 (02) 337-1737 팩스 (02) 334-6624
내용 문의 전화 (02) 337-1763 이메일 dybooks2@gmail.com

ISBN 979-11-7210-098-8 13740

ⓒ 2025, 리닛 알네자

네이티브처럼

자연스럽고 정확한 말하기를 위한

리닛 ▶ 쌤의
영어 교정수업

리닛 알네자 지음

한국인이 회화에서 하는 영어 실수의 모든 것

THE ENGLISH MISTAKES
YOU DIDN'T KNOW YOU MADE

ONE PLUS ONE

BUY ONE, GET ONE FREE

동양북스

저는 지난 10여 년 동안 학생부터 대기업 CEO에 이르기까지 약 1,000명의 한국인 영어 학습자들을 지도해 왔습니다. 그 과정에서 흥미로운 사실을 하나 발견했습니다. 영어 실력과 관계없이 많은 학습자들이 특정한 실수를 동일하게 반복한다는 점입니다. 이 실수들은 단순한 어휘력 부족 때문이 아니라, 몇 가지 특징을 보이고 있었습니다.

가장 눈에 띄는 건 한국어와 영어의 구조적 차이에서 비롯된 실수였습니다. 한국어의 어순과 표현 방식을 그대로 영어에 적용하다 보니, 문장이 어색해지고 원어민에게 자연스럽게 전달되지 않는 경우가 많았습니다. 예를 들어, 한국어에서는 "시간이 부족해"라고 표현하기 때문에 이를 직역해 Time is not enough.라고 말하는 경우가 흔합니다. 하지만 영어로는 I don't have enough time.처럼 표현하는 것이 훨씬 자연스럽습니다.

문화적인 요인도 영향을 미쳤습니다. 언어는 단순한 단어의 조합이 아니라, 특정 문화와 맥락 속에서 사용되기 때문입니다. 한국어에서는 "고생하셨습니다"라는 표현이 흔하지만, 이를 영어로 You worked hard.라고 번역하면 원어민에게 어색하게 들릴 수 있습니다. 이럴 때는 I appreciate your effort., That must have been tough.처럼 말하는 것이 더 적절합니다. 비슷한 예로, "너 살 빠졌다!"는 한국에서는 칭찬이지만, 영어로 You lost weight!라고 말하면 상대방이 불편해할 수 있습니다. 대신 You look great!, You look healthy! 같은 표현이 더 자연스럽습니다.

또 한 가지 흥미로운 점은, 학습자들이 문법보다 '의미'를 우선시하는 경향이 있다는 것이었습니다. 핵심 내용에 집중하다 보니 문법적 요소를 놓치거나, 무의식적으로 한국어식 사고방식을 영어에 적용하는 경우가 많습니다. 예를 들어, She suggested me to take a break.(그녀는 내게 휴식을 취할 것을 제안했다)라는 문장은 직관적으로 맞는 것처럼 보이지만, suggest는 간접 목적어를 취하지 않는 동사이기 때문에 She suggested that I take a break. 또는 She suggested taking a break.처럼 써야 합니다.

문제는 이런 실수들이 반복되면서 학습자들이 점점 익숙해지고, 스스로 틀린 부분을 인식하기 어려워진다는 것입니다. 어색한 영어가 습관이 되어 버리면, 교정 없이 그대로 굳어져 버립니다.

이 책은 이러한 한국식 영어 실수 패턴을 체계적으로 분석하고 정리한 결과물입니다. 수업을 하면서 수집한 수강생들의 공통적인 실수 패턴 중에서도, 특히 사용 빈도가 높은 표현들을 엄선했습니다. 설명은 직관적이고 명확하게, 어떻게 하면 더 자연스럽고 효과적인 표현을 사용할 수 있을지에 초점을 맞췄습니다.

영어를 오래 공부했지만 여전히 문장이 어색하다고 느끼는 분, 문장의 어색함을 알지만 어떻게 고쳐야 할지 모르는 분, 한국식 영어 습관을 극복하고 더 자연스러운 영어를 구사하고 싶은 분, 영어 독해, 작문, 회화 실력을 향상시키고 싶은 분들에게 특히 유용할 것입니다.

이 책은 단순한 문법 설명서가 아닙니다. 한국인 학습자가 쉽게 빠지는 실수를 정확히 짚어 주고, 보다 효과적인 영어 의사소통을 할 수 있도록 돕는 실용적인 학습서입니다. 이 책을 통해 자신의 영어 습관을 점검하고, 보다 자연스럽고 자신감 있는 영어를 구사하는 데 도움이 되길 바랍니다. 함께 노력하여 영어의 장벽을 넘어, 자유롭게 소통하는 날이 오기를 기대합니다.

TITLE

영어 회화를 할 때 자주 헷갈리거나 실수하는 표현들 중에서도 일상 대화에서 특히 자주 쓰이는 표현들을 모았습니다. 본문을 읽기 전에, 먼저 각 표현의 제목을 꼭 확인해 주세요.

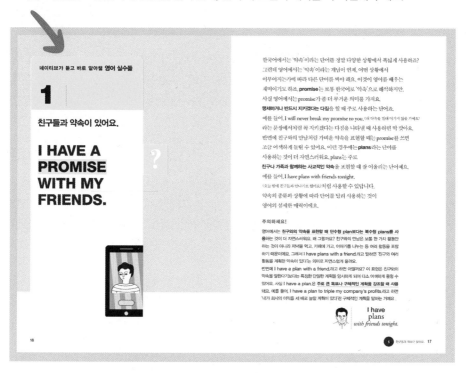

조금 더 배워 볼까요?

교정된 표현을 익히는 데서 한 걸음 더 나아가, 관련된 유용한 영어 표현까지 함께 익힐 수 있도록 구성했습니다. 다양한 표현을 익히면 실제 회화에서도 더욱 자연스럽고 자신 있게 말할 수 있습니다.

MAIN CORRECTION

표현에 대한 설명과 함께 올바른 교정 방법과 실제 상황에서의 활용법을 자세히 소개합니다. 원어민이 느끼는 미묘한 차이를 이해하며, 보다 정확한 영어 표현을 익혀 보세요.

주의하세요!

교정된 표현을 실생활에서 사용할 때 주의해야 할 점을 짚어 주는 가이드를 제공합니다. 원어민들이 실제로 어떤 상황에서 어떻게 사용하는지 살펴보고, 부자연스럽거나 오해를 부를 수 있는 실수를 피할 수 있도록 도와드립니다.

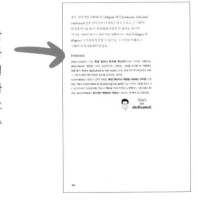

클라우드펀딩
플랫폼
'와디즈' 만족도
4.9점

눈이 확 떠지면서
만족했습니다.

설명이 직관적이고
쉽게 되어 있어요.

정말 헷갈리는 영어표현을
잘 정리해 주셨습니다.

반복해서 읽다 보면
기본적이고 사소한 영어 실수를
줄일 수 있을 것 같아요.

대충 영어를 잘하는 것보다
사소한 부분을 정확히
알고 있는 것이 중요하다는 걸
깨달았습니다.

UPGRADE

Tune

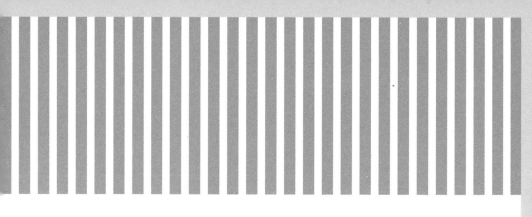

여태까지 알았던 표현들이
콩글리시가
대부분이라니 충격이네요.

실제 대화에 많이 쓸 법한 표현들로
구성되어 너무 유익합니다.

원어민들이 느끼는 영어 단어들의
사소한 차이에 대한
포인트를 잡아 주어 좋습니다.

초보이지만 도움이 됩니다.
앞으로도 계속 도움이 될 만한 것들
많이 만들어주세요.

알았던 것들도 다시 한번
콕콕 집어주고,
몰랐던 건 쉽고 포인트를
간략히 알려 줘서 좋아요.

영어를 안 한 지 오래되어서
기초부터 할까 하다가
궁금해서 구입하였는데,
기대 이상으로 내용이 좋았고
계속 도움이 될 내용이 많았습니다.

The English
MISTAKES
You Didn't Know
You Made

머리말 4

이 책의 구성 6

독자 리뷰 8

1 친구들과 약속이 있어요. I HAVE A **PROMISE** WITH MY FRIENDS. 16

2 나 커피 사러 갈 거야.
I'M **GOING TO GO TO A CAFÉ TO BUY** A COFFEE. 18

3 이것 빼고요. **BESIDES** THIS ONE… 21

4 좋지도 나쁘지도 않았어요. IT WAS **SO-SO**. 24

5 생강이 너무 매워요. THE GINGER IS TOO **SPICY**. 27

6 잘 못 들었어요. I COULDN'T **HEAR WELL**. 30

7 그 영화에 대해 어떻게 생각해요?
HOW DO YOU THINK ABOUT THE MOVIE? 33

8 친구들과 놀았어요 I **PLAYED** WITH MY FRIENDS. 36

9 기타 배우는 데 시간이 오래 걸려요.
IT **NEEDS** A LONG TIME TO LEARN THE GUITAR. 39

10 많을수록 좋아요. MORE IS **GOOD**. 42

11 A와 B의 차이가 뭔가요? **HOW DIFFERENT** ARE A AND B? 45

12 머리가 아파요. MY HEAD IS **IN PAIN**. 48

13 내 아파트를 사려고 해요.
I'M TRYING TO BUY **MY** APARTMENT. 50

14 앞에 세 팀이 있어요.
THERE ARE THREE **TEAMS** AHEAD OF YOU. 53

15 논의해야 할 항목이 몇 개 더 있어요.
THERE ARE A FEW MORE **AGENDAS** WE NEED TO DISCUSS. 55

16 다음 휴게소는 얼마나 멀어요?
HOW FAR IS THE NEXT REST STOP?   58

17 나는 선배와 점심을 먹었어요. I HAD LUNCH WITH MY **SENIOR**.   61

18 내 몸 상태가 좋지 않아요. MY **CONDITION** IS NOT GOOD.   64

19 생일 파티를 열어요. I'M **OPENING** MY BIRTHDAY PARTY.   67

20 그녀는 대학교에 다니고 있어요. SHE'S **ATTENDING** UNIVERSITY.   70

21 나는 주말마다 배드민턴을 쳐. I **DO** BADMINTON ON WEEKENDS.   73

22 스키를 잘 타나요? DO YOU **SKI WELL**?   76

23 우리 집 근처에 있어요. IT'S **LOCATED** NEARBY MY HOUSE.   79

24 속이고 있어요. THAT'S A **HOLLYWOOD ACTION**.   82

25 잠깐 시간 있어? DO YOU **HAVE TIME FOR A MOMENT**?   84

26 내 지갑 봤니? DID YOU **LOOK AT** MY WALLET?   87

27 잘 모르겠어요. I DON'T **KNOW WELL**.   90

28 그녀는 저랑 동갑이에요. SHE'S **THE SAME WITH ME IN AGE**.   93

29 LA로 여행을 갔어요. I **WENT TO TRAVEL** TO LA.   96

30 기억해 주세요. PLEASE **REMEMBER**.   99

31 그건 처음 듣는 얘기네요.
THAT'S A **STORY** I'M HEARING FOR THE FIRST TIME.   102

32 프랑스 요리에는 버터가 너무 많아요.
FRENCH FOOD **HAS SO MUCH BUTTER**.   105

33 나중에 다시 말씀드릴게요.
I WILL **TELL YOU THAT AGAIN** LATER.   108

34 그는 참 재미있는 남자예요. HE'S A **SO FUNNY GUY**.   111

35 어제 야근을 했어요. I **OVERWORKED** YESTERDAY.   114

36 아직 초저녁인데 벌써 가? IT'S **STILL EARLY EVENING**!   117

37 그건 예상 못했어요. I **COULDN'T** SEE THAT COMING.   120

38 다음 주에 같이 점심 먹어요. **LET'S** HAVE LUNCH NEXT WEEK.   123

39 시도해 볼 가치가 있어요. IT HAS **VALUE** TO TRY. 126

40 음식이 너무 매워요. IT IS **TOO MUCH** SPICY. 128

41 이 딸기는 상했습니다. THESE STRAWBERRIES ARE **SPOILED**. 132

42 한 가지 장점은… **ONE GOOD POINT** IS... 135

43 해변에 갈 때 선크림 바르는 거 잊지 마.
DON'T FORGET TO WEAR **SUNCREAM** AT THE BEACH. 138

44 나는 헬스장에 가는 중이야. I'M GOING TO THE **HEALTH CLUB**. 141

45 어쩔 수 없어요. IT **CAN'T BE HELPED**. 144

46 그건 아니에요. THAT'S **NOT IT**. 147

47 지금은 그럴 기분이 아니에요.
I DON'T **HAVE THAT FEELING** RIGHT NOW. 150

48 막 하려고 했어요. **I WAS ABOUT TO** DO. 153

49 혹시 펜 있어요? **BY THE WAY**, DO YOU HAVE A PEN? 156

50 새 여름 원피스를 찾고 있어요.
I'M LOOKING FOR A NEW SUMMER **ONE-PIECE**. 159

51 그건 서비스에요. IT IS **SERVICE**. 162

52 이번 주말에 호캉스를 할 거예요.
I'M TAKING A **HOCANCE** THIS WEEKEND. 165

53 가성비가 좋아요. IT'S **GOOD FOR THE PRICE**. 168

54 바쁜 날에는 컵라면이 딱이야.
CUP NOODLES ARE PERFECT FOR A BUSY DAY. 171

55 물티슈 어디에 있나요? WHERE ARE THE **WATER TISSUES**? 174

56 비행기가 몇 시에 도착하나요?
WHAT TIME DOES YOUR FLIGHT **ARRIVE**? 177

57 나는 휴식을 취하러 사우나에 갈 거야.
I'M GOING TO THE **SAUNA** TO RELAX. 180

58 음식에 대해서… **ABOUT** THE FOOD…   183

59 무리하지 마. DON'T **OVERWORK**.   187

60 혼자서 할 수 있어요. I CAN DO IT **ALONE**.   190

61 나는 오피스텔에 살아요. I LIVE IN **AN OFFICE-TEL**.   193

62 제 영어 실력이 부족해서 죄송합니다.
    SORRY FOR MY LACK OF ENGLISH.   196

63 너무 답답해요. I FEEL **STUFFY**.   199

64 그럴 줄 알았어요. I THOUGHT **LIKE THAT**.   202

65 1＋1 할인 **ONE PLUS ONE**   205

66 내 잘못이야. IT'S MY **FAULT**.   208

67 좋아요. **I LIKE THAT.**   211

68 말이 안 돼요. I DON'T **UNDERSTAND YOUR WORDS**.   214

69 맛있게 드세요. EAT **DELICIOUSLY**.   217

70 같이 밥 먹어요. LET'S **EAT** TOGETHER.   220

71 옷이 잘 어울립니다. THOSE CLOTHES **FIT YOU**.   223

72 오해하지 마세요. DON'T **MISUNDERSTAND**.   226

73 지금 출발해요. I'M **DEPARTING** NOW.   229

74 내 핸드폰 어디 있지? WHERE'S **MY HAND PHONE**?   232

75 강아지를 키우고 있어요. I **RAISE** A DOG.   235

76 어디에서 내려요? WHERE DO YOU **GET OFF**?   238

77 이해하셨어요? CAN YOU **UNDERSTAND**?   241

78 락 음악을 좋아해요. I **LIKE** ROCK MUSIC.   244

79 요즘 무슨 드라마 보세요?
    WHAT **DRAMAS** ARE YOU WATCHING THESE DAYS?   247

80 곧 연락할게. I WILL **CONTACT** YOU SOON. 250

81 뭐라고 하셨죠? **WHAT DID YOU SAY?** 253

82 잠깐 기다려 주세요. PLEASE **WAIT**. 256

83 부러워요! I **ENVY** YOU! 259

84 감기 조심하세요. **BE CAREFUL FOR** COLD. 262

85 마음을 집중하고 있어요. I'M **FOCUSING** MY MIND. 265

86 저 갈게요. I **WILL GO**. 268

87 여기가 어디죠? WHERE **IS HERE**? 271

88 길을 잃었어요. I **LOST MY WAY**. 274

89 그걸 살 형편이 안 돼요. I **CAN'T BUY** IT. 277

90 복수하고 싶어요. I WANT TO **REVENGE**. 280

91 BTS를 아세요? DO YOU **KNOW** BTS? 283

92 오렌지 주스 주세요. I **WANT** AN ORANGE JUICE. 286

93 맨날 있는 일이야.
IT'S **SOMETHING THAT HAPPENS** EVERY DAY. 289

94 뭔가 쎄해요. SOMETHING IS **COLD**. 292

95 늦었지만 어쨌든 버스를 탔어요.
I WAS LATE, **BUT ANYWAY**, I CAUGHT THE BUS. 295

96 아무거나 상관없어요. I **DON'T CARE**. 298

97 천천히 해. **DO IT SLOWLY.** 301

98 그녀는 정말 부지런해요. SHE'S SO **DILIGENT**. 304

99 24시간 영업하는 마트는 편리해요.
A 24-HOUR SUPERMARKET IS **COMFORTABLE**. 307

100 만족해요. I'M **SATISFIED**. 310

1

친구들과 약속이 있어요.

I HAVE A PROMISE WITH MY FRIENDS.

?

한국어에서는 '약속'이라는 단어를 정말 다양한 상황에서 폭넓게 사용하죠?
그런데 영어에서는 '약속'이라는 개념이 언제, 어떤 상황에서
이루어지는가에 따라 다른 단어를 써야 해요. 이것이 영어를 배우는
재미이기도 하죠. **promise**는 보통 한국어로 '약속'으로 해석하지만,
사실 영어에서는 promise가 좀 더 무거운 의미를 가져요.
맹세하거나 반드시 지키겠다는 다짐을 할 때 주로 사용하는 단어죠.
예를 들어, I will never break my promise to you. (내 약속을 절대 어기지 않을 거예요)
라는 문장에서처럼 꼭 지키겠다는 다짐을 나타낼 때 사용하면 딱 맞아요.
반면에 친구와의 만남처럼 가벼운 약속을 표현할 때는 promise를 쓰면
조금 어색하게 들릴 수 있어요. 이런 경우에는 **plans**라는 단어를
사용하는 것이 더 자연스러워요. plans는 주로
친구나 가족과 함께하는 사교적인 약속을 표현할 때 잘 어울리는 단어예요.
예를 들어, I have plans with friends tonight.
(오늘 밤에 친구들과 만나기로 했어요)처럼 사용할 수 있답니다.
약속의 종류와 상황에 따라 단어를 달리 사용하는 것이
영어의 섬세한 매력이에요.

주의하세요!

영어에서는 **친구와의 약속을 표현할 때 단수형 plan보다는 복수형 plans를 사용**하는 것이 더 자연스러워요. 왜 그럴까요? 친구와의 만남은 보통 한 가지 활동만 하는 것이 아니라 저녁을 먹고, 카페에 가고, 이야기를 나누는 등 여러 활동을 포함하기 때문이에요. 그래서 I have plans with a friend.라고 말하면 '친구와 여러 활동을 계획한 약속이 있다'는 의미로 자연스럽게 들려요.

반면에 I have a plan with a friend.라고 하면 어떨까요? 이 표현은 친구와의 약속을 말한다기보다는 특정한 단일한 계획을 암시하게 되어 다소 어색하게 들릴 수 있어요. 사실 I have a plan.은 **주로 큰 목표나 구체적인 계획을 강조할 때 사용**돼요. 예를 들어, I have a plan to triple my company's profits.라고 하면 '내가 회사의 이익을 세 배로 늘릴 계획이 있다'란 구체적인 계획을 말하는 거예요 .

I have
plans
with friends tonight.

2

나 커피 사러 갈 거야.

I'M GOING TO GO TO A CAFÉ TO BUY A COFFEE.

?

여러분, 혹시 I'm going to go to a café to buy a coffee. 처럼

길고 정중한 문장으로 말해본 적 있으신가요? 한국어에서는

이런 표현이 자연스럽다 보니 영어로도 그대로 옮기는 경우가

많아요. 그런데 사실, 이렇게 길게 말하면 원어민들에게는

조금 무겁고 딱딱하게 들릴 수 있어요.

흔히 말하는 '교과서 영어' 같은 느낌이랄까요?

일상적인 상황에서는 이렇게 길게 말하기보다는 **짧고 간단하게**

말하는 게 훨씬 자연스러워요. 예를 들어, I'm gonna go get a coffee.

처럼요. 여기서 go와 get이 붙어 있는 것이 조금 낯설게

느껴질 수 있지만, 사실 이 표현은 go and get이 시간이 지나면서

점차 짧아진 형태예요. **처음에는 go and get이었는데,**

발음이 편한 형태로 줄어들어 go n get이 되었고,

지금은 go get으로 굳어졌다고 보시면 돼요.

이렇게 'go + 동사' 형태로 말하면, 말하는 순간

바로 행동으로 옮길 것 같은 가벼운 뉘앙스가 담기게 돼요.

마치 "나 커피 한 잔 사러 가려고"처럼 자연스럽게 들리죠.

다음에 커피 마시러 간다고 말할 때는

I'm gonna go get a coffee. 처럼 간단하게 표현해 보세요.

훨씬 자연스럽게 들리면서도 대화에 여유가 느껴질 거예요!

조금 더 배워볼까요?

1   I'll go check if our table is ready.
     테이블이 준비되었는지 확인하러 갈게요.

2   I'll go get my coat and then we can leave.
     코트 가져올게요. 그 뒤에 출발하죠.

3   Let's go see a movie tonight.
     오늘 밤 영화 보러 가자.

4   I have to go take my dog for a walk.
     강아지를 데리고 산책하러 가야 해요.

주의하세요!

'go + get'은 영어에서 정말 자주 쓰이는 패턴이에요. 원어민들의 대화에서 거의 매일같이 들을 수 있을 정도로 흔하게 사용되는 표현이죠. 이 패턴은 보통 **네 가지 주요 문맥에서 사용**되는데, 그 차이점을 이해해 두면 영어로 대화할 때 큰 도움이 될 거예요.

1   먹거나 마시러 갈 때

이 표현은 간단히 **무언가를 먹거나 마시러 갈 때 사용**돼요. 예를 들어, I'm going to go get some coffee.라고 하면 '커피 좀 마시고 올게요'라는 뜻이에요. 일상 대화에서 아주 자연스럽게 사용할 수 있는 표현이에요.

2   무언가를 사러 갈 때

무언가를 사러 가야 할 때도 go get이 정말 유용하게 쓰여요. 예를 들어, I have to go get some milk from the store.라고 하면 '슈퍼에 우유를 사러 가야 해요'라는 뜻이에요. 간단하고 명확하게 무엇을 사러 가겠다는 의도를 전달할 수 있어요.

3   무언가 또는 누군가를 데려올 때

이 표현은 **어떤 장소에 가서 사람이나 물건을 데려올 때**도 많이 사용돼요. 예를 들어, Can you go get our dog from the dog groomer?라고 하면 '애견 미용실에 가서 강아지를 데려와 줄래요?'라는 뜻이에요. 이렇게 상대방에게 부탁할 때도 자연스럽게 쓸 수 있답니다.

4   어떤 서비스를 받으러 갈 때

특정한 서비스를 받으러 갈 때도 go get을 사용할 수 있어요. 예를 들어, I'm gonna go get my tires changed.라고 하면 '타이어를 교체하러 갔다 올게요'라는 뜻이에요. 단순히 가는 것이 아니라 필요한 작업이나 서비스를 받으러 간다는 뉘앙스를 포함하고 있어요.

I'm gonna
go
GET
a coffee.

3

이것 빼고요.

BESIDES
THIS ONE...

많은 사람들이 영어를 배울 때 besides와 except를 헷갈려 해요.
그런데 사실 이 두 단어는 의미적으로 비슷하지 않아요. 하지만
비슷한 맥락에서 쓰이는 것처럼 보일 때가 있어서 혼동하기 쉬운데,
미묘한 차이를 모르고 사용하면 의도와는 전혀 다른 의미로
전달될 수 있어요. 이번 기회에 차이를 확실히 알아볼까요?
먼저 besides는 '무엇무엇 외에도', 즉 기존에 있는 것에 추가적
인 내용을 더할 때 사용해요. 예를 들어, 채식 메뉴를 설명하면서
Besides the pasta, we have some fried rice and fruit.
(파스타 외에도 볶음밥과 과일이 있어요)라고 말하면, 채식 옵션이
다양하다는 것을 강조할 수 있어요. 이처럼 besides는 그룹에
새로운 선택지를 더하는 느낌을 줍니다.
반면에 except는 '무엇무엇을 제외하고', 즉 그룹에서
특정 항목을 제외할 때 사용해요. 예를 들어, 글루텐이 없는
음식을 찾는 손님에게 Unfortunately, everything has gluten
except the fruit and fried rice. (과일과 볶음밥을 제외한 모든 음식에 글루텐이
들어 있어요)라고 말하면, 과일과 볶음밥만 예외적으로 글루텐이
없다는 의미를 정확히 전달할 수 있어요. except는
그룹 내에서 특정 항목을 배제하거나 제거할 때 사용되는 단어예요.
자, 그러면 문제! 아래 문장에서 빈칸에 들어갈 적절한 단어를
고르세요. besides 또는 except 중 하나를 선택해 보세요!

1   _____ the salad, we also have pasta and rice.

2   Everyone came to the meeting _____ John.

3   Everything on the menu has nuts _____ the soup.

4   _____ working full-time, she also volunteers on weekends.

이제 besides와 except의 차이를 더 명확히 이해하셨나요? 다음에는 이 두 단어를 헷갈리지 않고 딱 맞게 사용할 수 있을 거예요!

정답	1 Besides	2 except	3 except	4 Besides

1 샐러드 외에도 파스타와 밥도 있습니다.   2 존을 제외하고 모두가 회의에 참석했습니다.   3 수프를 제외한 메뉴의 모든 음식에는 견과류가 들어 있습니다.
4 정규직으로 일하는 것 외에도 그녀는 주말에 봉사 활동을 합니다.

주의하세요!

except와 except for는 비슷해 보이지만, 실제로는 미묘한 차이가 있어요. 쉽게 말해, **except는 특정 그룹에서 하나를 제외할 때 사용하고, except for는 전체적인 진술에서 예외적인 요소를 언급하거나 수정할 때** 사용해요.

예를 들어, Everything was perfect, except the weather.라고 하면, 모든 것이 완벽했지만 날씨만 예외라는 의미예요. 여기서 everything이라는 전체적인 개념에서 '날씨' 하나만 제외하는 거죠. 마찬가지로 Everyone arrived on time, except John.이라고 하면, 모든 사람이 제시간에 도착했지만 John만 예외라는 뜻이에요. 즉, except는 '모두 ~하지만, 이것만 빼고'라는 느낌으로, 특정한 것만 제외하는 용도로 쓰여요.

반면, except for는 전체적인 진술을 수정하거나 제한하는 역할을 해요. 예를 들어, The trip was great, except for the weather.라고 하면, 여행은 전반적으로 좋았지만, 날씨가 아쉬웠다는 의미가 돼요. 여기서 except for는 '전체적으로 좋았지만, 한 가지 예외가 있다'는 뉘앙스를 전달해요. 또 다른 예로 The party was fun, except for the loud music.을 보면, 파티 자체는 즐거웠지만 음악이 너무 시끄러웠다는 점이 예외라는 뜻이죠.

즉, except는 특정한 대상을 그룹에서 제외하는 느낌이고, except for는 전체적인 진술에서 예외적인 요소를 덧붙여 상황을 수정하는 느낌이에요.

Except
this
ONE…

4

좋지도 나쁘지도 않았어요.

IT WAS SO-SO.

?

한국어의 '그저 그랬다'를 영어로 말할 때 **so-so**를 떠올리기
쉬운데요, 사실 원어민들은 so-so를 거의 사용하지 않아요.
It was so-so.라는 표현이 틀리지는 않지만,
자연스러운 대화를 원한다면 다른 표현을 사용하는 것이 좋아요.
한국인들이 자주 사용하는 Not good, not bad라는 표현도
마찬가지로 어색하게 들릴 수 있어요.

Not good과 **Not bad**는 각각 따로 사용할 때는 자연스러워요.
예를 들어, **It wasn't bad.** (나쁘지 않았어요) 또는
It wasn't good. (좋지 않았어요) 같은 표현은 자주 사용됩니다.
하지만 Not good, not bad.처럼 두 표현을 함께 쓰면
어색하게 들릴 수 있어요. 원어민들은 이런 표현을
잘 사용하지 않기 때문이죠.

정리하자면, **so-so**나 **Not good, not bad.** 같은 표현은
틀리지는 않지만, 더 자연스럽게 말하려면 다음과 같은
표현들을 사용하는 것이 좋습니다:

It was so-so. / Not good, not bad.	❌
It was okay.(괜찮았어요)	⭕
It wasn't bad.(나쁘지 않았어요)	⭕
It was alright.(괜찮았어요)	⭕
It was fine.(괜찮았어요)	⭕

조금 더 배워볼까요?

만족도를 나타내는 표현들

- fantastic 환상적이다
- amazing 놀랍다
- great 훌륭하다
- really good 정말 좋았다
- good 좋다
- pretty good 꽤 좋다

- wonderful 멋지다
- incredible (믿을 수 없을 정도로) 놀랍다

- very good 아주 좋다
- quite good 상당히 좋다

- ~~so-so~~ okay 괜찮다
- not bad 나쁘지 않다
- not good 좋지 않다
- bad 나쁘다
- pretty bad 꽤 나쁘다
- really bad 정말 나쁘다
- very bad 매우 나쁘다
- terrible 끔찍하다
- horrible 무시무시하다

- alright 그럭저럭 괜찮다
- nothing special 별거 없다
- not great 좋지 않다

- quite bad 상당히 나쁘다
- not good at all 전혀 좋지 않다

- awful 형편없다

주의하세요!

영어에서는 이미 강한 의미를 가진 형용사 앞에 very를 붙이는 것이 어색하게 들릴 수 있어요. 이런 경우에는 **형용사 자체가 충분히 강한 의미를 전달하기 때문에, very를 생략**하는 것이 더 자연스럽습니다.

예를 들어 fantastic, amazing, incredible 같은 단어들은 그 자체로 매우 긍정적이고 강한 느낌을 주기 때문에 굳이 very를 덧붙일 필요가 없어요. It was fantastic.이라고만 해도 '정말 멋졌다'란 의미가 충분히 전달됩니다. 반면, 너무 강조하려다 보니 very fantastic, very amazing 같은 표현을 쓰면 원어민에게는 조금 어색하게 들릴 수 있어요.

It *wasn't* bad.

5

생강이 너무 매워요.

THE GINGER IS TOO SPICY.

혹시 The ginger is too spicy!라고 말한 적 있으신가요?
한국어에서는 고추, 생강, 겨자 등의 매운맛을 모두 '맵다'라는
한 단어로 표현할 수 있어서 발생하는 실수예요. 하지만
영어에서 spicy는 **주로 캡사이신이 들어간 고추나 할라피뇨 같은**
'화끈한' 매운맛을 가리키는 표현이에요. 그래서 생강이나
겨자처럼 **톡 쏘는 매운맛을 표현할 때**는 spicy가 아닌 다른 표현들을
사용하는 것이 더 자연스럽습니다. 원어민들은 이런 강렬한 맛을
묘사할 때 각기 다른 표현을 쓰거든요.
예를 들어볼게요. 생강이 코를 찌르듯 강하게 느껴질 때는
The ginger is intense.라고 말해요. 이 표현은
생강의 강렬한 맛을 그대로 전달해주죠. 겨자를 먹고 난 후
톡 쏘는 그 느낌을 말하고 싶다면 **The mustard is strong.**
또는 **It hits you hard.**라고 할 수 있어요.
이 표현들은 무언가가 코에 확 들어오는 느낌을 담아냅니다.
와사비도 마찬가지로, **The wasabi stings the nose.**나
It burns the nose.라고 하면 그 특유의 찡한 맛을 훨씬 더
정확하게 전달할 수 있어요. 한 단계 더 나아가서,
계피의 강한 향을 표현하고 싶다면
The cinnamon is like a punch in the nose.라고 말할 수 있죠.
마치 코를 살짝 때리는 듯한 느낌이 들지 않나요?
그러니 다음에 생강이나 겨자, 와사비의 톡 쏘는 맛을
설명하고 싶다면, 단순히 spicy 대신 이처럼 구체적인 표현을
써보세요. 이렇게 하면 여러분의 영어가 한층 더
자연스러워질 거예요!

주의하세요!

한국어에서 '덥다'와 '맵다'는 서로 다른 뜻을 가진 단어지만, 영어에서는 둘 다 hot 이라는 단어로 표현될 수 있어서 혼란을 줄 수 있어요. 예를 들어, This soup is hot.이라고 하면 '이 국은 뜨거워요'라는 뜻으로 이해될 수 있어요. **음식의 매운맛을 표현할 때는 spicy를 사용하는 것이 더 적절**하답니다. This soup is spicy. 라고 하면 '이 국은 맵다'란 의미가 정확히 전달돼요.

반면, 온도를 표현할 때는 방금 이야기한 것처럼 hot을 사용하면 되는데요. 예를 들어, This tea is hot.은 '이 차는 뜨겁다'란 뜻이고, Today is hot.은 '오늘은 덥다'라는 뜻이에요. 이런 차이를 잘 알아두시면 영어를 더 자연스럽고 정확하게 사용할 수 있을 거예요!

The ginger is **INTENSE.**

6

잘 못 들었어요.

I COULDN'T HEAR WELL.

?

수업 중에 혹시 선생님에게 "잘 못 들었어요"라고 말할 때
영어로 I couldn't hear well.이라고 말한 적 있나요?
사실, 한국어를 영어로 직역하다 보면 이런 표현을 많이
쓰게 되는데요, 영어에서는 **well을 너무 많이 사용하면**
조금 어색하게 들릴 수 있어요.
왜냐하면, well은 보통 **어떤 행동을 얼마나 잘하는지를 말할 때**
사용되기 때문이에요. 예를 들어, He plays the piano well.
(그는 피아노를 잘 쳐요)에서처럼요. 그래서 '듣다' 같은 감각 동사에
well을 붙이면, 마치 **듣기 위한 특별한 기술이 필요한 것처럼**
느껴질 수 있어요. 이때는 **I couldn't hear you.**라고 말하는 것이
훨씬 더 자연스럽습니다.
또한, 일상 대화에서는 hear 대신 catch라는 동사를 많이 써요.
그래서 I didn't catch that.(잘 못 알아들었어요)이라고 말하면
상대방의 말을 놓쳤다는 의미를 부드럽고 자연스럽게
전달할 수 있어요. Sorry, I didn't catch that.이라고 하면 공손한
느낌도 주죠!
miss를 사용한 Sorry, I missed that.(죄송해요, 뭐라고 했는지 놓쳤어요)
이라는 표현도 마찬가지로 공손하게 들려요.
다음에 못 들었을 때는 I couldn't hear you.나
I didn't catch that.이라고 말해보세요. 이렇게 하면
훨씬 더 자연스럽게 들릴 거예요!

조금 더 배워볼까요?

가끔 대화를 하다 보면, 멍하니 딴생각을 하다가 상대방의 말을 놓칠 때가 있죠?
이럴 때 Sorry, I got lost.(죄송해요, 멍때렸어요)나 Sorry, I zoned out.(죄송해
요, 잠깐 딴생각했어요), 또는 Sorry, I got distracted.(죄송해요, 잠깐 정신이 팔렸
어요) 같은 표현을 사용하여 솔직하게 내 상태를 표현할 수 있어요.

하지만, 여기서 주의할 점! 이런 표현들이 자칫 너무 편하게 들릴 수 있다는 것이에요. 공식적인 자리나 좀 더 신중해야 할 상황에서는, 상대방에게 "사실 방금 너의 말에 집중 안 했어"라고 하는 건 **무례하게 느껴질 수** 있어요. 이럴 땐 **좀 더 포멀한 표현을 사용**하는 게 좋죠. 예를 들어, 방금 공부한 Sorry, I missed that.(죄송해요, 놓쳤어요)처럼요.

주의하세요!

catch는 주로 **부정문이나 의문문에서 더 자연스럽게 쓰이는 표현**이에요. 예를 들어, 상대방의 말을 놓쳤을 때는 Sorry, I didn't catch that.(죄송해요, 잘 못 알아들었어요)이라고 말할 수 있죠. 질문할 때도 Did you catch that?(잘 알아들었어요?)이라고 할 수 있어요. catch는 말을 놓쳤거나, 제대로 알아들었는지 확인할 때 자주 사용되죠.

하지만, **긍정문에서 Yes, I caught that.이라고 말하면 살짝 어색하게** 들릴 수 있어요. 영어에서는 상대방의 말을 잘 들었을 때는 보통 hear나 get 같은 동사를 사용하는 것이 더 자연스럽습니다. 예를 들어, Yes, I heard you.(네, 들었어요)나 Yes, I got it.(네, 이해했어요)처럼 말하는 것이 훨씬 더 자연스럽죠.

왜 그럴까요? catch라는 단어는 본래 '잡다'라는 의미를 가지고 있어요. 그래서 대화에서 catch를 사용하면 무언가를 잡아내거나 따라잡는 느낌을 전달하죠. 이 때문에 I didn't catch that.처럼 정보를 놓쳤을 때 다시 잡으려는 맥락에서 주로 쓰여요. 비슷한 맥락에서 Did you catch that?이라고 질문하면, 상대가 놓치지 않고 내용을 받아들였는지를 확인하는 뉘앙스를 전달합니다. 반면, 긍정문에서 Yes, I caught that.이라고 말하면, 놓쳤다가 다시 알아들었다는 느낌이 강해서 살짝 어색하게 들릴 수 있어요.

I didn't
catch
that.

7

그 영화에 대해 어떻게 생각해요?

HOW DO YOU THINK ABOUT THE MOVIE?

많은 학생들이 '어떻게 생각하세요?'라는 한국어 질문을 영어로
옮길 때, How do you think?라고 말하는 실수를 종종 합니다.
그런데, 이 질문은 원어민이 듣기에는 굉장히 엉뚱한 질문처럼
들릴 수 있어요. 왜냐하면 How는 '어떻게'라는 뜻이긴 하지만,
영어에서는 '어떤 방식으로'를 묻는 질문이기 때문이에요.
따라서 How do you think? 하면 마치 "생각할 때 뇌의
어느 부분을 쓰나요?"라고 묻는 것처럼 들리거든요.
상대방의 의견을 물어보고 싶을 때는 How 대신
What을 사용해야 해요.
What do you think about ~?이라고 물어보는 것이
'어떤 생각을 하고 있는지'를 묻는 더 자연스러운 표현입니다.

How do you think about this idea?

What do you think about this idea?

이 아이디어에 대해 어떻게 생각하세요?

How do you think?라고 물으면 원어민은
"음… 나는 가끔 소파에 누워서 생각해. 아니면 커피 한 잔
마시면서?"라고 답할지도 몰라요! 하지만
What do you think?라고 하면, 상대방은 내가 묻고 싶은
의견에 대해 정확히 대답해 줄 거예요.

조금 더 배워볼까요?

질문 표현	어울리는 상황
Q: **What did you think of** her book? 그분이 쓴 책에 대해 어떻게 생각하세요? A: I thought the ending was so good. 결말이 너무 좋았어요.	대부분의 일상 대화에 어울리는 표현이에요. 캐주얼한 상황에서도, 약간 형식적인 대화에서도 잘 어울립니다.
Q: **What are your thoughts on** the new product? 그 신제품에 대해 어떻게 생각하세요? A: It's excellent. Simple and modern. 훌륭해요. 간단하고 현대적이에요.	전문적인 대화나 업무 회의, 토론 같은 공식적인 상황에 잘 어울려요. 상대방의 의견을 조금 더 구체적이고 분석적으로 묻고 싶을 때 적합한 표현입니다.
Q: **How did you feel about** the movie? 그 영화 어땠어? A: It was beautiful but very sad. I cried a lot. 아름답지만 좀 슬펐어. 보면서 많이 울었어.	친구들과 나누는 가벼운 대화나 영화, 책, 음악 같은 리뷰 대화에 잘 어울리며, 개인적인 감정 표현을 자연스럽게 이끌어낼 수 있습니다.
Q: **How was** the concert? 콘서트 어땠어? A: It was alright. I wouldn't watch them again, though. 괜찮았는데 또 보진 않을 것 같아.	격식 없는 대화에 어울려요. 일상적인 상황에서 친구나 지인과의 대화에서 자연스럽게 사용할 수 있는 표현입니다.

주의하세요!

What do you think about…?은 의견을 묻는 질문이기도 하지만, 상황에 따라 제안을 하는 데도 사용할 수 있어요. 이 표현은 특히 상대방이 거절하기 어렵지 않게 제안을 할 때 매우 유용해요. 예를 들어, What do you think about watching a movie tonight?(오늘 밤 영화 보는 거 어때?)이라고 물으면, 상대방이 Sure, what movie should we watch?(좋아, 어떤 영화 볼까?) 또는 Hmm, I'm a bit tired today…(음, 오늘은 좀 피곤한데…)처럼 자신의 의견을 편하게 말할 수 있어요.

8

친구들과 놀았어요.

I PLAYED WITH MY FRIENDS.

한국어에서는 '친구들과 놀았어'라는 표현을 어른도, 아이도 자연스럽게 사용할 수 있죠? 하지만 영어에서는 I played with my friends.라고 하면 조금 어색하게 들릴 수 있어요. 이 표현은 주로 어린아이들이 친구들과 놀았다고 할 때 쓰는 말이에요. 성인이 이 표현을 쓰면, 마치 어린아이처럼 들려서 부자연스럽게 느껴질 수 있죠. 그러니까 성인이 친구들과 시간을 보냈다고 할 때는, 좀 더 **어른스럽고 상황에 맞는 표현**을 써야 해요. 그럼 이제 상황에 맞게 어떻게 더 자연스럽게 말할 수 있는지 살펴볼까요?

1 spend time with someone

가장 기본적이고 포괄적인 표현이에요. 친구든 가족이든, 누구와 함께 시간을 보낸다고 할 때 spend time을 쓰면 거의 모든 상황에서 적합해요.

I spent time with my kids. 아이들과 함께 시간을 보냈어요.

2 get together with someone

계획적으로 사람들과 만날 때 사용할 수 있는 표현이에요. 친구들과 오랜만에 만나거나, 직장 동료들과 모임이 있을 때 적합합니다.

I got together with my co-workers. 직장 동료들과 모였어요.

3 hang out with someone

아주 캐주얼한 표현이에요. 친구들과 가볍게 만나 어울릴 때 자주 사용되며, 특별한 일이 없는 일상적인 모임을 의미해요.

I hung out with my friends. 친구들과 어울렸어요.

4 visit someone

누군가를 만나러 **그 사람의 집이나 특정 장소로 찾아갈 때 사용해요.**

I visited my friend yesterday. 어제 친구 집에 놀러 갔어요.

5 chill with someone

'편하게 쉬다'라는 의미로, **특별한 계획 없이 시간을 보낼 때 사용**해요. 요즘 캐주얼한 대화에서 자주 쓰이는 표현입니다.

I chilled with my brother at home. 동생이랑 집에서 편하게 쉬었어요.

6 play with someone

이 표현은 아이들이나 반려동물과 놀 때 주로 사용해요. 성인이 친구와 시간을 보낸다고 할 때는 쓰지 않는 게 좋아요!

I played with my dog. 내 강아지랑 놀았어.

주의하세요!

Let's get together sometime. 이 표현은 한국어의 '언제 밥 한번 먹자' 같은 뉘앙스예요. get together는 친구나 동료들과 **가볍게 만나자고 할 때** 쓰는 말이에요. 그냥 만나서 시간을 보내는 거죠. 그런데 get-together는 조금 달라요. 이건 **명사로 '모임'이나 '파티'를 의미**해요. 그래서 Let's have a get-together.라고 하면, 단순히 만나는 것보다 좀 더 정해진 모임이나 파티를 하자는 뜻이 돼요. 예를 들어, Let's have a get-together at my place.라고 하면 '우리 집에서 모임 가져요'라는 뜻으로, 모임의 장소나 목적이 더 분명한 느낌을 주죠.

I hung out *with* my friends.

9

기타 배우는 데 시간이 오래 걸려요.

IT NEEDS A LONG TIME TO LEARN THE GUITAR.

한국어에서는 '시간이 필요하다'와 '시간이 걸린다'를 별다른 구분 없이 사용하는 경우가 많아요. 하지만 사실 영어에서는 need와 take가 각자의 역할에 따라 뚜렷이 구분돼요. 그래서 영어를 쓸 때 이 둘을 헷갈리면, 상대방은 '지금 시간이 필요한 건가? 아니면 시간이 걸린다는 건가?' 하고 혼란스러워할 수 있어요. 두 표현은 비슷해 보이지만, 실제로는 전혀 다른 상황에서 쓰이기 때문이에요.

need는 특정 목적을 이루기 위해 '시간이 필요하다'는 의미로, 지금 **시간이 부족하고 앞으로 그 시간을 확보해야 한다는 뉘앙스**를 전달해요. 예를 들어, I need time to think. (생각할 시간이 필요해요) 라는 문장은, 지금 당장 머리가 꽉 차서 '잠깐! 생각할 시간이 더 필요해요!'라는 느낌을 주죠.

반면에 take는 **어떤 활동이나 과정이 완료되기까지 '시간이 걸린다'는 의미**를 표현해요. 이 경우 주어는 보통 사람이 아닌 It으로 시작하고, 시간이 소요된다는 점에 초점이 맞춰져요. 예를 들어, It takes a long time to learn the guitar. (기타를 배우는 데 시간이 오래 걸려요) 는 기타를 배우려면 상당한 연습 시간이 필요하다는 걸 알려주죠. 자, 그럼 '부러진 팔이 완전히 회복되려면 시간이 걸립니다'는 영어로 어떻게 표현할까요? 맞아요! It takes time to completely heal from a broken arm.이라고 해요. 한국어에서는 '시간이 필요하다'와 '시간이 걸린다'를 구분하지 않고 말하는 경우가 많아서, 이런 문장에서도 종종 need를 쓰는 실수를 하기도 해요. 하지만 영어에서는 need와 take를 문맥에 따라 구분해서 사용해야 한다는 점 잊지 마세요.

조금 더 배워볼까요?

시간과 관련된 표현들 중 일상생활에서 자주 쓰일 수 있는 표현을 몇 가지 소개해 드릴게요.

1   make time(시간을 내다)

You should make time for exercise. 운동할 시간을 내야 해요.

2   run out of time(시간이 다 되다/시간이 부족하다)

We're running out of time. Let's finish quickly.

시간이 부족해. 빨리 끝내자.

3   kill time(시간을 때우다)

I had to kill time at the airport before my flight.

비행기 타기 전에 공항에서 시간을 때워야 했어요.

4   take your time(서두르지 않고 천천히 하다)

Take your time, there's no rush.

서두르지 말고 천천히 하세요. 급할 거 없어요.

5   buy time(시간을 벌다)

We need to buy some time to finish the project.

우리는 프로젝트를 마무리할 시간을 좀 벌어야 해요.

주의하세요!

영어에서 '시간이 걸린다'를 말할 때는 주어 선택이 굉장히 중요해요. need와 take는 각각의 주어가 다르기 때문이에요. **need는 보통 주어가 사람이어야 자연스러워요.** '내가 시간을 필요로 한다'는 의미이기 때문이에요. 예를 들어, I need more time to finish this.(이 일을 끝내기 위해 시간이 더 필요해요)라는 문장은 내가 일을 끝내기 위해 시간을 더 필요로 한다는 뜻이에요. 여기서 시간은 내가 요청하고 확보해야 하는 대상인 거예요.

반면에 take는 개념이 조금 달라요. 이때는 비인칭 주어 It을 사용해야 자연스러운데, 이유는 **어떤 활동이 시간이 소요된다는 점에 초점**이 맞춰져 있기 때문이에요. 다시 말해, 활동이 시간을 잡아먹는 주체로 표현되는 거예요. 예를 들어, It takes a long time to learn English.(영어를 배우는 데는 시간이 오래 걸려요)라는 문장에서 It은 영어를 배우는 활동을 대표하는 주어로, 활동 자체가 시간이 소요된다는 걸 말해요. 요약하자면, **내가 시간을 필요로 하면 'I need',** 하지만 **어떤 활동이 시간을 잡아먹으면 'It takes'!**

It takes a *long time to learn* the guitar.

10

많을수록 좋아요.

MORE IS GOOD.

'많을수록 좋아요'란 표현을 More is good!이라고 말하는 걸 꽤 자주 듣는데요, 사실 이 표현은 원어민에게 조금 어색하게 들려요. 왜 그럴까요? 한국어와 영어가 표현 방식에서 다르기 때문이에요. 한국어에서는 '더 많을수록 좋아'처럼 비교의 의미를 다 드러내지 않고 일부만 드러내도 자연스럽게 전달되지만, 영어는 그렇지 않아요. 영어에서는 '더 많을수록 더 좋아'처럼 **비교의 의미를 끝까지 명확히 표현**해야 자연스럽게 들리거든요. 그래서 More is good. 대신 More is better. 또는 더 자연스럽게 The more, the better.를 써야 해요. 예를 들어볼게요. 이탈리안 레스토랑에서 파스타를 주문했는데, 웨이터가 "파마산 치즈를 더 드릴까요?" 하고 물어보는 상황이에요. 당연히 치즈가 많을수록 더 맛있잖아요? 그럴 때 More is good.이라고 대답하면 의미는 통하지만 조금 어색하게 들리게 되죠. 대신 The more, the better!라고 말하면 치즈가 많을수록 더 좋다는 의미가 정확히 전달되고, 훨씬 자연스럽게 느껴져요. 이 표현의 구조는 간단하면서도 유용해요. **'The + 비교급, the + 비교급' 형태로, '~하면 할수록 더 좋다'란 의미** 의 문장을 만들어낼 수 있죠. 다양한 상황에서 이렇게 쓸 수 있어요:

The spicier, the better. 매울수록 좋아요
The cheaper, the better. 저렴할수록 좋아요
The bigger, the better. 클수록 좋아요

한국어에서는 **비교의 의미를 묵시적으로 전달**해도 괜찮지만, 영어에서는 **비교 구조를 명확히 드러내야 한다**는 점이 중요해요. 그러니 이제부터는 More is good! 대신, The more, the better!를 써보세요. 영어 실력도 이 패턴을 연습할수록 더 좋아질 거예요.

조금 더 배워볼까요?

The more, the better. 이 표현의 매력은 그 단순함에 있어요. 간단하면서도 강력하게 메시지를 전달할 수 있죠. 다양한 상황에 맞춰 자유롭게 쓸 수 있어서 정말 유용하고, 대화에서도 자연스럽게 녹아들기 때문에 이 표현을 쓰면 센스 있게 들려요. '이 사람 영어 좀 하네?'라는 인상을 주기에 딱 좋은 표현이죠.

A   Should we use more garlic? 마늘을 더 넣을까요?
B   Definitely. The more, the better. 물론이죠. 많이 넣을수록 좋아요.

A   Can I give you some feedback? 피드백을 좀 드릴까요?
B   Of course. The more, the better. 그럼요. 많이 주실수록 좋아요.

A   Do you think I should apply to more jobs?
    더 많은 일자리에 지원해야 할까?
B   Why not? The more, the better. 왜 안 되겠어? 많이 지원할수록 좋지.

A   Should I invite more people to the party?
    파티에 더 많은 사람들을 초대할까?
B   Oh, absolutely. The more, the better.
    당연하지! 파티는 사람이 많을수록 더 신나잖아!

주의하세요!

The more, the better.는 일상 대화에서 매우 자연스럽게 쓰이는 표현이에요. 친구들과의 대화나 가벼운 상황에서는 "많을수록 좋아!"라는 의미로 편하게 사용할 수 있죠. 하지만 공식적인 자리나 비즈니스 상황이라면 이 표현은 다소 가볍고 캐주얼하게 들릴 수 있어요. 특히 **회의나 프레젠테이션 같은 격식을 차려야 하는 상황에서는 적절하지 않을 수도** 있어요.

예를 들어, 비즈니스 미팅에서 중요한 데이터를 다루는 상황이라면, 단순히 The more, the better.라고 말하기보다는 더 구체적이고 격식을 갖춘 표현을 사용하는 것이 좋아요. 이런 상황에서는 **단순히 '많으면 좋다'가 아니라, 왜 더 필요한지를 명확히 설명하는 것이 중요**하죠. 예를 들어, The more data we have, the more accurate our analysis will be.(데이터가 많을수록 분석이 더 정확해질 것입니다)처럼 말이죠.

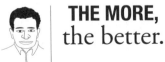

THE MORE,
the better.

네이티브가 듣고 바로 알아챌 영어 실수들

11

A와 B의 차이가 뭔가요?

HOW DIFFERENT ARE A AND B?

영어를 배우다 보면 How different와 What's the difference가
헷갈릴 때가 있어요. 그런데 이 둘은 비슷해 보이지만,
사실 완전히 다른 질문이랍니다. 그래서 오늘은 이 두 표현의
차이를 쉽게 알려드리려고 해요.

How different는 **두 대상이 얼마나 다르냐고 물어보는 표현**이에요.
여기서 중요한 포인트는 '차이의 정도'를 묻는 거라는 거죠.
예를 들어, 친구에게 "너랑 네 여동생은 얼마나 달라?"라고
물어보고 싶다면, 이렇게 말하시면 돼요.

How different are you and your sister? 이 질문에 대한 답은
보통 "우리는 거의 쌍둥이처럼 똑같아" 또는
"우리는 완전 다른 사람이야!"처럼 정도를 표현하는 식으로
나와요. 즉, 비슷한지, 아주 다른지 궁금할 때 쓰는 표현이랍니다.

반면에, What's the difference는 **두 대상의 차이점 자체를 묻는 표현**
이에요. 예를 들어, 커피와 차의 차이점이 궁금하다면,
What's the difference between tea and coffee?라고 물어보세요.
그러면 상대방은 "차는 잎으로 만들고, 커피는 콩으로 만들어"
처럼 구체적으로 차이점을 설명해 줄 거예요.
이 표현은 '차이의 내용'을 묻는 거라서, '얼마나 다르냐'가 아니라
'무엇이 다른지'를 알고 싶을 때 쓰는 거예요.

간단히 정리하자면, How different는
차이의 크기나 정도를 묻는 표현이고,
What's the difference는 차이의 내용을 묻는 표현이에요.
다음에 영어로 차이를 물어보실 때는, **내가 알고 싶은 게**
'얼마나 다르냐'인지, 아니면 '무엇이 다르냐'인지 먼저 생각해보세요.
이렇게 작은 차이를 알고 있으면,
더 자연스럽고 매끄럽게 대화를 이어갈 수 있을 거예요!

조금 더 배워볼까요?

'How + 형용사'는 상대방에게 상태나 감정의 정도를 묻는 데 자주 사용돼요. 그래서 **이 질문에 답할 때는 정도의 차이를 나타내는 부사를 함께 사용**해 주는 게 중요해요.

예를 들어, 친구가 How drunk are you?(너 얼마나 취했어?)라고 물었을 때, 단순히 I'm drunk.(취했어)라고만 대답하면 부족해요. 이 질문은 단순히 '취했는지 여부'를 묻는 게 아니라, '얼마나 취했는지'를 알고 싶어서 한 거니까요. 따라서 상대방이 원하는 답을 주려면, I'm a little drunk.(나 조금 취했어)나 I'm very drunk.(나 많이 취했어)처럼 '정도'를 함께 표현해야 해요. 이렇게 하면 대화가 훨씬 더 정확하고 자연스러워져요. 일상적인 대화에서는 very(매우), a little(조금) 같은 부사 표현을 자주 사용하고, 더 캐주얼한 분위기에서는 super(완전) 같은 단어도 많이 써요.

A   How hungry are you? 얼마나 배고파?
B   I'm very hungry. 나 진짜 배고파.

A   How busy are you? 얼마나 바빠?
B   I'm a little busy, but I can talk. 조금 바빠, 하지만 대화는 할 수 있어.

A   How tired are you? 얼마나 피곤해?
B   I'm super tired. 완전 피곤해.

주의하세요!

모든 형용사가 How와 잘 어울리는 것은 아니에요. 상태나 감정을 묻는 형용사, 예를 들어 tired, happy, big, important 같은 형용사는 잘 어울리지만, 일반적으로 **물리적인 사실**을 나타내는 dead나 **절대적인 상태**를 의미하기 때문에 그 정도를 묻는 것이 적절하지 않은 perfect 같은 형용사는 함께 사용하지 않아요. How dead is he?(그가 얼마나 죽었니?)나 How perfect is it?(그게 얼마나 완전하니?)은 그 정도를 묻는 것이 어색하거나 적절하지 않기 때문이에요.

What's the difference
between
tea and coffee?

12

머리가 아파요.

MY HEAD IS IN PAIN.

?

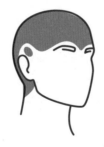

어느 날 수업 중에 한 수강생이 My head is in pain.이라고 말을 했어요. '두통이 있다'는 말을 하고 싶었던 거죠. 그런데 My head is in pain.은 문법적으로 틀리지는 않지만, 두통을 설명할 때는 잘 사용하지 않는 표현이에요. 두통이 있을 때는 I have a headache. 또는 My head hurts.라고 말하는 것이 훨씬 더 자연스러워요.

그렇다면 in pain이라는 표현은 언제 사용할까요? In pain이라는 표현은 **특정 신체 부위의 통증보다는 전반적인 고통을 나타낼 때** 사용돼요. 예를 들어, 사고를 당한 후 Since the accident, I wake up in pain every morning.(그 사고 이후로 나는 매일 아침 통증 속에서 깨어나요)라고 말할 수 있어요. 이 문장은 특정 부위가 아프다는 의미가 아니라, 온몸에 걸친 지속적인 통증을 뜻해요. 또한, in pain은 감정적인 고통을 표현할 때도 많이 쓰여요. 예를 들어, He's still in pain after losing his father.(그는 아버지를 잃은 후에도 여전히 힘들어 하고 있어요)처럼 말할 수 있어요. 하지만 **특정 신체 부위의 통증을 표현할 때**는 hurt나 sore를 사용하는 것이 더 자연스러워요. 예를 들어, My leg is in pain.보다는 My leg hurts.(다리가 아파요) 라고 하는 것이 적절해요. 만약 운동이나 무리한 활동으로 인해 근육통이 있다면, My legs are sore.(다리가 뻐근해요)라고 표현하는 것이 더 자연스러워요.

주의하세요!

영어에서 ache와 pain은 둘 다 통증을 표현하는 단어이지만, 쓰임새와 뉘앙스에서 차이가 있어요. ache는 <u>지속적이고 비교적 약한 통증</u>을 나타낼 때 사용돼요. 예를 들어, 두통(headache), 치통(toothache), 복통(stomachache)처럼 일정한 부위에서 꾸준히 느껴지는 불편한 감각을 설명할 때 자연스럽게 쓰이는 단어예요. 이 단어는 **통증이 심각하지 않거나 시간이 지나면 나아질 것으로 예상되는 경우**에 많이 사용돼요.

반면에 pain은 **더 심각하고 날카로운 통증**을 표현할 때 적합해요. ache가 느리고 지속적인 감각이라면, pain은 갑작스럽거나 심각한 고통을 묘사하는 데 사용되죠. 예를 들어, I feel a sharp pain in my chest.(가슴에 날카로운 통증이 느껴져요)처럼 표현하면, 단순히 불편한 정도가 아니라 위험을 암시할 수 있는 상태임을 강조할 수 있어요. pain은 **일상적인 불편함보다는 더 심각한 상황에 적합**하기 때문에, 대화에서는 사용 범위가 조금 더 제한적일 수 있어요.

My head
hurts.

13

내 아파트를 사려고 해요.

I'M TRYING TO BUY MY APARTMENT.

?

많은 한국 학습자들이 영어 대화 중에 my라는 표현을 자주 사용하는 걸 볼 수 있어요. 그런데 원어민 입장에서 보면, my를 너무 많이 사용하면 조금 부자연스럽게 들릴 수 있어요. 실제로 원어민들은 my를 생각보다 많이 쓰지 않아요. 예를 들어, I'm trying to buy my apartment.라고 하면, 원어민은 **이미 살고 있는 자신의 아파트를 구입하려고 한다**는 뜻으로 오해할 수 있어요. 단순히 '아파트를 사려고 한다'는 의미로 말하고 싶다면, I'm trying to buy an apartment.가 더 자연스러워요. 즉, my는 이미 내 것이 된 후에만 사용하는 것이 맞아요. 비슷하게, 쇼핑할 때도 I went shopping to buy my clothes. 라고 하면, **아직 사지 않은 옷이 이미 내 것인 것처럼** 말하는 게 되어 어색해요. my 대신 some을 써서 I went shopping to buy some clothes.라고 말하는 것이 자연스러워요. my는 옷을 이미 샀거나 소유하게 됐을 때만 사용할 수 있어요. 이처럼 영어에서는 완전히 내 것이 된 후에만 my를 붙이는 것이 중요해요. 상황에 맞게 my를 사용하면 영어가 한층 더 자연스러워질 거예요.

조금 더 배워볼까요?

1   영어에서 소유를 나타낼 때, a/an/some과 my/your/his/her/their를 구분해서 사용하는 게 중요해요. 무언가를 소유하기 전에는 a/an/some을 쓰고, 이미 소유한 상태라면 my/your/his/her/their 같은 소유격을 써야 자연스러워요.

소유 전 He's looking for a new suit. 그는 새 양복을 찾고 있어요.

소유 후 His new suit looks fantastic on him.
그가 산 새 양복은 그에게 정말 잘 어울려요.

소유 전 I'm thinking about buying a new phone.
새 휴대폰을 살까 생각 중이야.

소유 후 My new phone is great! 내 새 휴대폰 정말 좋아!

2 이미 소유한 상태라면, my를 쓸지 말지는 선택할 수 있어요. 예를 들어, I got a new snowboard.처럼 말할 수도 있고, I got my new snowboard.라고 말해도 자연스럽습니다. 둘 다 맞지만, 강조하고 싶은 것이 무엇이냐에 따라 선택할 수 있어요.

I got a new snowboard. 나는 새 스노보드를 샀다.
→ 단순히 '새 스노보드를 샀다'는 사실을 전달하는 표현이에요. a를 사용해 새로 산 스노보드가 특정되지 않은 느낌을 줍니다.

I got my new snowboard. 나는 내 새 스노보드를 샀다.
→ 이 표현은 '내 것'이라는 소유의 의미를 더 강조해요. 그래서 이미 내가 소유한 스노보드라는 느낌이 더 강하게 전달됩니다.
두 문장 모두 새 스노보드를 샀다는 의미는 같지만, my를 사용하면 소유를 조금 더 강조하는 차이가 있습니다.

주의하세요!
한국어에서는 '우리 ~'라고 말하는 것이 아주 자연스러워요. 그래서 영어 문장을 만들 때도 our를 많이 쓰는 경향이 있어요. 하지만, 원어민 입장에서는 our를 과도하게 쓰면 정말 어색하게 들려요. 예를 들어, '우리 회사'를 our company라고 말하는 경우가 많지만, 원어민들은 이 표현을 거의 사용하지 않아요.
그렇다면 my company는 어떨까요? 사실, 이 표현도 문제가 있어요. 왜냐하면, my company라고 하면 회사 소유주라는 느낌을 줄 수 있기 때문이에요. 그래서 내가 회사의 소유자가 아닌 경우에는 The company I work for...처럼 표현하는 것이 훨씬 더 자연스럽습니다.

Our company is growing rapidly.
우리 회사는 빠르게 성장하고 있다.

The company I work for is growing rapidly.
내가 다니는 회사는 빠르게 성장하고 있다.

I'm trying to
buy
an apartment.

14

앞에 세 팀이 있어요.

THERE ARE THREE TEAMS AHEAD OF YOU.

손님이 많은 식당에서 줄을 서 있는데 같이 간 일행이 "앞에 세 팀 있어요"라고 알려준 적이 있어요. 그런데 저는 처음에 이 말을 들었을 때 조금 의아했어요. '아, 한국에서 '팀'이라는 단어를 이렇게 사용하는구나' 싶더라고요. 그런데 영어에서는 team보다는 **party라는 단어를** 더 많이 써요.

예를 들어, 원어민이라면 There are three parties ahead of us. (우리 앞에 세 그룹이 있어요)라고 말할 거예요. 거기에 We're fourth on the waitlist.(대기 명단에서 네 번째입니다.)라고 덧붙여 더 구체적으로 표현할 수도 있죠.

영어에서 team은 **보통 스포츠 경기나 프로젝트처럼 협업이 필요한 상황**에서 쓰여요. 그래서 식당에서 대기할 때 There are three teams ahead of us.라고 하면 어색하게 들릴 수 있어요. 다음에 영어로 대기 상황을 설명해야 한다면, party라는 단어를 사용해 보세요.

이처럼 작은 표현의 차이를 알게 되면, 나중에 영어로 상황을 설명할 때 훨씬 자연스럽게 말할 수 있을 거예요. 평소에 쓰던 표현을 조금만 바꿔도 큰 차이를 느낄 수 있으니, 한번 시도해보세요!

주의하세요!

party는 **보통 레스토랑이나 예약이 필요한 장소에서 특정한 목적을 가진 손님 그룹**을 의미할 때 사용돼요. 예를 들어, 식당에서 a party of four라고 하면 네 명이 함께 온 손님을 뜻해요. 그래서 레스토랑에서는 How many in your party? (일행이 몇 분이세요?) 같은 표현을 자주 들을 수 있어요.

반면, group은 좀 더 일반적으로 쓰여요. 친구들과 **여행을 하거나 쇼핑할 때, 또는 단순히 사람들이 함께 있는 상황**에서 group을 사용할 수 있어요. 예를 들어, We're traveling as a group.(우리는 단체로 여행 중이에요)처럼, 함께 움직이는 사람들의 모임을 표현할 때 자연스럽게 쓸 수 있어요.

There are
three parties
ahead of *you.*

15

논의해야 할 항목이 몇 개 더 있어요.

THERE ARE A FEW MORE AGENDAS WE NEED TO DISCUSS.

수업을 하다 보면 많은 한국 학습자들이 '어젠더', '스케줄', '메뉴' 같은 외래어를 영어에서도 똑같이 사용할 수 있다고 생각하는 경우를 자주 보게 돼요. 하지만, 영어에서는 **이 단어들이 한국어와 다르게 쓰이기 때문에** 그대로 사용하면 어색하거나 오해를 불러일으킬 수 있어요.

먼저, agenda부터 볼까요? 많은 한국 학습자들이 agenda를 회의에서 개별 안건을 의미하는 단어로 사용하곤 해요. 하지만 영어에서 agenda는 **전체 안건 목록**을 뜻하며, 개별 안건을 의미하지 않아요. 따라서 개별 안건을 가리킬 때 agenda를 사용하면 어색하고, **올바른 표현은 item이에요.**

예를 들어, "논의해야 할 몇 가지 추가 안건이 있다"라고 말하고 싶다면 There are a few more agendas we need to discuss.라고 하면 어색한 표현이 돼요. 대신, There are a few more items we need to discuss.(오늘 회의에서 논의해야 할 몇 가지 추가 안건이 있어요) 라고 해야 자연스러워요.

즉, agenda는 회의 전체 안건 목록을 의미하고, 개별 안건을 말할 때는 item을 사용하는 것이 맞아요. 예를 들어, 회의에서 첫 번째 안건을 소개할 때 The first item on the agenda is the digital marketing campaign.(첫 번째 안건은 디지털 마케팅 캠페인이에요) 라고 말할 수 있어요.

다음은 **menu**예요. 한국어에서 "메뉴가 다양하다"라고 말할 때 쓰이는 menu는 영어로는 **음식 목록이나 가격표를 의미**해요. 음식 종류가 많다는 것을 전달하려면 menu 대신 dish라는 단어를 사용하는 것이 더 자연스럽습니다.

This restaurant has many dishes. (이 식당에는 요리가 많다)처럼요.

마지막으로 **schedule**인데요, 영어의 schedule은 **전체적인 일정**을 가리켜요. 한국어로 "스케줄이 많다"처럼 **개별 일정이 많다**는 의미를 전달할 때는 **appointment**나 **meeting**이라는 단어가 더 적합해요.
I have many appointments today.(오늘 약속이 많다)처럼 말이죠.

주의하세요!

agenda라는 단어는 영어에서 단순히 회의 안건만을 의미하는 게 아니에요. 많은 한국 학습자들이 '어젠더'를 회의에서만 사용한다고 생각하지만, **원어민들은 일상 생활에서 숨겨진 의도나 계획을 나타낼 때도 자주 써요.** 예를 들어, He has his own agenda.라고 하면 그 사람이 __자신만의 의도나 목적을 가지고 있다__는 뜻이에요. 이때 agenda는 **회의와는 상관없이**, 그 사람이 **이루려는 개인적인 목적**을 나타내는 거죠. 이 표현은 영어 대화에서 자주 쓰이기 때문에 알아두면 좋아요. 예를 들어, 누군가가 **자신의 이익을 위해 행동**하고 있다고 생각되면, It seems like he has his own agenda.(그 사람은 자기만의 목적이 있는 것 같아)라고 말할 수 있어요.

There are
a few more items
WE NEED TO *discuss.*

16

다음 휴게소는 얼마나 멀어요?

HOW FAR IS THE NEXT REST STOP?

?

예전에 한국 친구와 함께 로드 트립을 갔던 적이 있어요.
고속도로에서 몇 시간을 달리던 중, 친구가 저에게
How far is the next rest stop?(다음 휴게소는 얼마나 멀어요?)이라고
묻더군요. 뜻은 바로 이해했지만, 영어로는 어색하게 들렸죠.
그래서 왜 이런 표현을 썼는지 물어보니, 한국어에서
"다음 휴게소는 얼마나 멀어요?"라는 표현을 자주
사용한다고 설명해 줬어요. 즉, 한국어 문장을 문자 그대로
How far is the next rest stop?로 번역한 거였죠.
이 표현이 문법적으로는 맞지만, **영어권에서는 이런 상황에서**
'거리'가 아닌 '시간'에 더 집중한다는 점이 차이점이에요.
'얼마나 멀리 있는지'보다는 '얼마나 시간이 더 걸릴지'를
묻는 것이 더 자연스럽게 들리죠.
그래서 원어민들은 이런 경우 **How long until the next rest**
area?(다음 휴게소까지 얼마나 남았어요?)나
How much longer until the next service plaza?
(다음 휴게소까지 얼마나 더 가야 해요?) 같은 표현을
더 자주 사용해요. 이렇게 표현하면 더 자연스럽고
일상적으로 들린답니다.
한국어와 영어는 생각하는 방식에 약간 차이가 있어서,
이런 차이가 생기게 되는 것 같아요. 한국어에서는 거리에
초점을 맞추는 질문이 자연스럽지만, 영어에서는 시간을 더
중요하게 여기는 경향이 있어요. 미드를 보면 아마 십중팔구,
사람들이 고속도로에서 휴게소나 목적지에 대해 묻는 장면에서
도 How far is it?보다는 How long until...? 같은 시간이
중심이 된 표현을 더 많이 쓰는 것을 발견할 수 있을 거예요.

주의하세요!

영어 대화에서는 How long until...?이나 How much longer until...? 같은 표현이 자주 사용돼요. 이 문장들은 일상적으로 간결하게 쓰이는 형태지만, 사실 **생략된 부분이 있어요**. 예를 들어, How long until the next rest area? 는 사실 How long will it take until we reach the next rest area?라는 완전한 문장에서 will it take와 we reach 같은 부분이 생략된 거예요. 마찬가지로, How much longer until the next service plaza?는 How much longer will it take until we reach the next service plaza?라는 문장을 간략하게 줄인 형태입니다. 이런 생략은 대화에서 자주 일어나는데, **문맥을 통해 의미가 명확히 전달**되기 때문에 자연스럽게 받아들여져요.

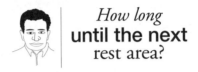

How long
until the next
rest area?

네이티브가 듣고 바로 알아챌 영어 실수들

17

나는 선배와 점심을 먹었어요.

I HAD LUNCH WITH MY SENIOR.

많은 한국 학습자들이 직장 이야기를 할 때 영어로
my senior (내 선배)나 my junior (내 후배)라는 표현을 자주 사용하곤
해요. 하지만 원어민 입장에서는 이 표현이 조금 어색하게
들릴 수 있어요. 왜냐하면, 영어에서 senior와 junior는 주로
직장에서 **지위 차이를 나타낼 때 사용**되며, 직급과 상관없는
선후배 관계를 의미하지 않기 때문이에요.

예를 들어, My senior helped me a lot.이라고 말하면 원어민은
그 사람이 단순히 나보다 나이가 많거나 선배라는 뜻이 아니라,
직급이 높은 사람으로 이해할 가능성이 커요.

하지만 우리가 흔히 생각하는 한국식 선후배 관계를 표현하려면
이 표현이 적합하지 않아요. 이런 경우에는 **mentor, colleague,
또는 co-worker 같은 단어를 사용**하는 것이 훨씬 더 자연스러워요.
예를 들어, My mentor gave me advice.라고 하면
"나의 멘토가 조언을 해주었어요"라는 뜻으로, 도움을 준
선배의 역할을 명확히 전달할 수 있어요. 동료가 도움을 준
상황이라면 My colleague gave me advice. 또는 My co-worker
helped me with the project. (내 동료가 그 프로젝트를 도와줬어요)처럼
말할 수 있죠. 이 경우 co-worker는 같은 직장에서
함께 일하는 사람을 가리키는 표현으로, 직위나 나이와
상관없이 사용할 수 있어요.

반면에 My senior gave me advice.라고 하면 듣는 사람은
그 사람이 나보다 직급이 높은 상사나 간부로 오해할 수 있어요.
이처럼, senior와 junior는 **지위 차이를 설명**할 때는 쓰일 수 있지만,
한국식 선후배 관계를 나타내지는 않으니 상황에 맞는 표현을
사용하는 것이 중요해요.

조금 더 배워볼까요?

직장에서 동료를 지칭할 때 주의해야 할 표현 중 또 다른 하나가 바로 my staff 예요. 많은 한국 학습자들이 영어로 직장 이야기를 할 때 my staff라는 표현을 사용하곤 해요. 그런데 이 표현을 사용할 때는 조금 주의할 필요가 있어요. 왜냐하면, my staff는 **'나를 위해 일하는 사람들'이라는 의미로 해석**될 수 있기 때문이에요. 이 표현을 사용하는 사람이 회사의 사장이나 높은 지위의 상사라면 문제가 없겠지만, 그렇지 않은 경우에는 상대방에게 잘못된 인상을 줄 수 있어요.

예를 들어, 팀의 리더가 아닌 사람이 my staff라고 말하면, 듣는 사람은 '이 사람이 자기 팀을 너무 소유적인 시각으로 보고 있나?'라고 오해할 수 있죠. 그래서 **the staff라는 표현을 사용**하는 것이 훨씬 더 자연스러워요. the staff는 동료나 직원 전체를 가리키는 표현으로, 소유의 의미가 강하지 않기 때문에 더 적합한 상황이 많아요.

My staff and I finished the project.
The staff and I finished the project.
동료들과 내가 프로젝트를 끝냈다.

주의하세요!

senior와 junior는 직장에서는 단독으로는 잘 쓰이지 않고, 보통 직책이나 역할과 함께 사용됩니다. 왜냐하면 직장에서 senior나 junior를 단독으로 사용하면, 경력의 차이는 알 수 있지만 그 사람이 어떤 역할을 하고 있는지 명확하지 않아 어색하게 들리기 때문이에요. 예를 들어, He's a senior.라고 하면 '그가 경력이 많구나'라고 짐작은 할 수 있지만, 구체적으로 어떤 직책을 맡고 있는지는 알기 어렵습니다. 그래서 직책과 함께 사용하는 것이 중요합니다.

He's a senior. (어색함)
He's a senior manager. 그는 고위 매니저입니다.
She's a junior. (어색함)
She's a junior designer. 그녀는 주니어 디자이너입니다.

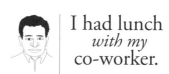

I had lunch *with my* co-worker.

18

내 몸 상태가 좋지 않아요.

MY CONDITION IS NOT GOOD.

?

64

많은 한국 학습자들이 My condition is not good.이라는 문장을 자주 사용하곤 해요. 하지만 **원어민 입장에서 보면 이 표현은 조금 이상하게 들릴 수 있어요**. 왜냐하면, 영어에서 condition이라는 단어는 보통 **심각한 질병이나 사물의 상태**를 나타낼 때 쓰이기 때문이죠. 그래서 일상적인 건강이나 기분을 말할 때는 condition을 사용하는 게 적절하지 않아요.

예를 들어서, 만약 여러분이 원어민에게 I'm not feeling well today.라고 말한다면, 상대방은 여러분이 그냥 오늘 기분이 별로거나 몸 상태가 안 좋다고 이해할 거예요. 그런데 My condition is not good.이라고 하면, **상대방은 여러분이 심각한 질병에 걸렸다고 생각**할 수도 있어요. 따라서 일상적인 대화에서는 condition 대신 feel이나 be 동사를 쓰는 게 더 자연스럽다는 거죠.

My condition is not good.	❌
I'm not feeling well. 몸이 안 좋아요.	⭕
I'm feeling under the weather. 몸 상태가 좀 안 좋네요.	⭕

조금 더 배워볼까요?

1 일반적인 안부 묻기: 이 상황에서는 건강 상태뿐만 아니라 전체적인 기분이나 생활 상태를 물어보는 거예요.

   A How are you? 어떻게 지내세요?

   B I'm doing well, thank you. 잘 지내고 있어요, 고마워요.

2 상대방이 아프거나 회복 중일 때: 상대방이 아프다는 걸 알고 있을 때는 좀 더 구체적으로 건강 상태를 물어볼 수 있어요.

   A How are you feeling? 몸 상태가 어때요?/기분은 좀 어때요?

   B I'm feeling much better, thank you. 훨씬 좋아졌어요, 고마워요.

3 병원이나 의사가 대화할 때: 이 경우에는 condition이라는 단어가 적절하게 쓰일 수 있어요. 특히, 환자의 건강 상태를 설명할 때 주로 사용됩니다.

A **How is his condition?** 그의 상태는 어때요?

B **He's in good condition/bad condition.**
상태가 좋아요/안 좋아요.

주의하세요!

condition은 특정 병명을 직접적으로 말하지 않고, 그 기관이나 신체 부위에 문제가 있다는 걸 포괄적으로 말할 때 사용돼요. 예를 들어 heart condition은 심장 관련 문제를 의미하지만, 구체적으로 어떤 질병인지는 설명하지 않아요. 이는 상대방이 구체적으로 알 필요가 없거나, 질병이 여러 가지일 수 있을 때 많이 사용돼요.

He has a heart condition.
그는 심장에 문제가 있어요.

또한, condition은 만성적이고 지속적인 건강 문제를 나타낼 때 자주 쓰여요. 단순한 감기나 일시적인 건강 문제가 아닌, 오랜 기간 지속되는 건강 문제를 암시하는 경우가 많죠. 예를 들어, a skin condition이라는 표현은 건선(psoriasis)이나 아토피성 피부염(atopic dermatitis)처럼 만성적인 피부 질환을 의미할 수 있어요.

She was diagnosed with a skin condition.
그녀는 피부 질환을 진단받았어요.

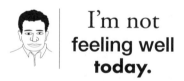

I'm not **feeling well today.**

19

생일 파티를 열어요.

I'M OPENING MY BIRTHDAY PARTY.

수업을 하다 보면, 많은 한국 학생들이 영어로 대화할 때 **한국어 표현을 그대로 영어로 옮기는 실수**를 하는 경우를 자주 보게 돼요. 예를 들어, 학생들이 저를 생일 파티에 초대하면서 I'm opening a party for my birthday. Do you want to come? 이라고 말하는 경우가 있어요. 처음에는 왜 항상 open이라는 단어를 사용하는지 궁금했는데, 알고 보니 한국어에서 '파티를 열다'라는 표현을 그대로 영어로 번역했기 때문이더라고요. 하지만 영어에서는 open a party가 아니라 throw a party라는 표현을 사용해요. 이렇게 특정 동사와 명사가 어울려야 자연스러운 영어 표현이 되는 경우가 많습니다.

비슷한 예는 또 있어요. 한국어로 '약을 먹다'라고 표현할 때, 이를 eat medicine 으로 직역하면 원어민에게는 알약을 씹어먹는 이미지를 떠올리게 할 수 있어요. 대신, 영어에서는 take medicine이라고 표현해야 자연스럽습니다. 또한, '네가 무슨 말을 하는지 알겠어'는 know your point라고 하기보다는 see your point라고 하는 게 더 자연스러운 표현이에요.

이처럼, 한국어와 영어는 특정 표현에서 어울리는 동사와 명사가 다를 수 있기 때문에, 직역보다는 **원어민들이 실제로 사용하는 자연스러운 표현**을 익혀두는 것이 중요해요. 그럼, 이런 표현들을 하나씩 정리하며 함께 배워볼까요?

말하려는 의도	잘못된 영어 표현	자연스러운 영어 표현
• 남자 친구를 만들다	make a boyfriend	find a boyfriend
• 파티를 열다 / 파티를 하다	open a party / do a party	have a party / throw a party
• 시험을 보다	see an exam	take an exam / take a test
• 기회를 잡다	catch a chance	take the opportunity / seize the opportunity
• 시간이 걸리다	need time	take time
• 돈을 벌다	collect money	make money

말하려는 의도	잘못된 영어 표현	자연스러운 영어 표현
• 노력하다	do an effort	make an effort
• 침대를 정돈하다	clean the bed	make the bed
• 피해를 주다	give damage	cause damage
• 기한을 지키다	keep the deadline	meet a deadline
• 프레젠테이션을 진행하다	run a presentation	give a presentation
• 실험을 실시하다	run an experiment	conduct an experiment
• 약속을 하다	do a promise	make a promise

주의하세요!

영어에서는 문맥에 따라 **같은 의미의 단어라도 다르게 써야 하는 경우**가 많이 있어요. 특히 한국어와 영어는 표현 방식이 다르기 때문에, 처음에는 헷갈릴 수 있어요. 하지만 문맥에 맞게 단어를 선택하는 것이 영어에서 중요한 포인트랍니다.

예를 들어, **'쉬다'라는 표현**을 영어로 할 때, 두 가지 선택이 있어요. take a break 와 have a break죠. 이 두 표현은 모두 '휴식을 취하다'라는 의미를 가지고 있지만, 조금 다른 뉘앙스를 전달해요. **take a break는 잠깐 쉬는 것**을 말할 때 주로 사용해요. 예를 들어, 5분 정도 잠깐 쉬는 경우에는 take a break라고 표현해요. 반면에, **have a break는 좀 더 긴 휴식이나 공식적인 쉬는 시간**을 의미해요. 예를 들어, 회의나 수업 중간에 갖는 긴 휴식을 가리킬 때 have a break를 쓰는 게 더 자연스러워요.

'회의를 열다'도 마찬가지예요. hold a meeting과 have a meeting 이 두 표현도 모두 맞지만, **일상적인 상황에서는 have a meeting**이 더 자연스럽게 들려요. **hold a meeting은 좀 더 공식적이거나 격식 있는 상황**에서 많이 사용돼요. 예를 들어, 기업의 공식 회의나 발표에서는 hold a meeting을 써요. The company held an important meeting yesterday.(회사는 어제 중요한 회의를 열었다)처럼요.

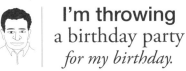

I'm throwing
a birthday party
for my birthday.

20

그녀는 대학교에 다니고 있어요.

SHE'S ATTENDING UNIVERSITY.

?

얼마 전에 한 학생과 일상 대화를 나누고 있었는데,
그 학생이 I'm attending university.라고 말하더라고요.
무슨 뜻인지는 알았지만, 영어로는 살짝 **격식 있고 딱딱하게**
들렸어요. '학교에 다니고 있어요'라는 한국어 표현을
그대로 영어로 옮긴 거였죠. 사실, attend라는 표현은
주로 **공식적인 행사나 특정한 이벤트에 참석**할 때 많이 사용돼요.
예를 들어 I'm attending a conference.(나는 회의에 참석하고 있어요)나
She attended the wedding.(그녀는 결혼식에 참석했어요) 같은 경우죠.
이렇게 정해진 시간과 장소에서 일시적으로 참여하는 느낌을
줄 때 주로 쓰여요. 그런데, 학교에 다니는 것은
매일 일어나는 일상적인 활동이잖아요? 이런 맥락에서는
attend라는 단어가 너무 격식 있고, 마치 일회성 행사에
참석하는 것처럼 들릴 수 있어요.
또한, attend는 **단순히 출석한다는 의미**에 더 가까워요.
예를 들어 attend school이라고 하면 출석한다는 느낌이 강하죠.
하지만 우리가 '학교에 다니다'라고 할 때는
단순히 출석하는 것만이 아니라, 공부도 하고, 친구들과 교류도 하고,
일상적인 학교 생활을 한다는 의미가 모두 포함되잖아요.
이런 경우에는 **I'm in university.(나는 대학교에 다니고 있어요)**
라는 표현이 훨씬 일상적이고 자연스러워요. 특정 학교를
다닌다고 말할 때는 go to라는 표현을 많이 써요.
I go to Yale.(나는 예일대학교에 다녀요)이라고 말하는 게
일상적인 대화에서는 더 자연스럽답니다. 물론,
I'm attending Yale.이라고 말하는 것도 가능은 하지만,
일상적인 대화에서는 너무 형식적이고 자연스럽지 않게
들릴 수 있어요. 친구들과 편하게 이야기할 때는
go to 같은 표현이 더 자연스러워요.

주의하세요!

attend와 비슷한 의미로 자주 사용되는 단어가 participate인데요, 이 두 단어에는 중요한 차이가 있답니다. attend는 **단순히 특정 행사나 모임에 참석**한다는 뜻이에요. 그 자리에 있는 것만으로도 attend라고 표현할 수 있죠. 반면에, participate는 **능동적으로 참여하고 기여한다**는 의미를 더 강조해요. 예를 들어, I attended the meeting.이라고 하면 내가 그 회의에 참석했다는 사실을 말하는 것이고, I participated in the meeting.이라고 하면 단순히 그 자리에 있었던 것이 아니라, 회의에서 적극적으로 의견을 내고 논의에 관여했다는 뜻이에요. 그래서 attend는 수동적으로 자리에 있는 것을 강조할 때 적합하고, participate는 적극적으로 기여하거나 관여하는 상황에서 사용하는 것이 좋아요. 두 단어가 전달하는 뉘앙스가 이렇게 다르답니다.

I'm
in
university.

21

나는 주말마다 배드민턴을 쳐.

I DO BADMINTON ON WEEKENDS.

운동에 관해 대화할 때, 한국인이 가장 많이 하는 실수 중 하나는
모든 스포츠나 활동에 play라는 동사를 사용하는 것이에요.

영어에서는 단순히 play만 쓰는 게 아니라, 스포츠마다 어울리는
동사를 제대로 골라야 자연스럽게 들려요. 그래서 play, do, go
세 가지 동사를 잘 구분해서 사용해야 해요. 사실, 어떤 운동에
어떤 동사를 사용하는지 구별하는 방법은 생각보다 간단해요.

play는 공이나 물체를 사용하는 팀 스포츠에 꼭 맞는 동사예요.
쉽게 말해, 공이 굴러가면 play를 쓰는 거예요! 예를 들어, I play
soccer.(저는 축구를 해요)나 I play tennis.(저는 테니스를 쳐요)처럼요.
하지만 play skiing은 안 돼요! 스키는 공이 안 굴러가니까요.

do는 혼자서 하는 운동이나 활동에 쓰여요. 팀이 필요 없는,
개인적인 활동이라면 do가 제격이에요. 예를 들어,
I do yoga.(저는 요가를 해요) 같은 표현이에요.
요가할 때 공 던질 일이 없으니 play를 쓰면 안 되겠죠?

go는 운동 자체가 동사로 쓰이는 활동에 사용돼요. 이때 그 활동에
-ing를 붙이고 go를 사용하면 돼요. 예를 들어, I go skiing.
(스키 타러 가요)나 I go swimming.(수영하러 가요) 같은 표현이에요.

결론은? 스포츠마다 동사를 잘 골라 쓰면 돼요. 공이 있는
팀 스포츠라면 play, 혼자 하는 운동은 do, 그리고 운동 자체가
동사로 쓰이는 활동에는 'go + -ing'를 붙이면 돼요.
그러면 Do you like to play ski? 같은 실수를 피하고,
훨씬 더 자연스러운 영어로 들릴 거예요. 할 수 있겠죠?

1   공을 사용하는 스포츠와 게임에는 play를 사용

play soccer 축구하다	play basketball 농구하다
play tennis 테니스 치다	play badminton 배드민턴 치다
play volleyball 배구하다	play baseball 야구하다

play golf 골프 치다	play chess 체스하다
play poker 포커하다	play video games 비디오 게임하다
play board games 보드게임하다	play cards 카드 게임하다

2 혼자 하는 활동에는 do를 사용

do yoga 요가하다	do pilates 필라테스하다
do aerobics 에어로빅하다	do taekwondo 태권도하다
do gymnastics 체조하다	do stretching 스트레칭하다
do exercise 운동하다	do meditation 명상하다

3 동사로 쓰이는 운동에는 go를 사용

go running 달리러 가다	go swimming 수영하러 가다
go skiing 스키 타러 가다	go skating 스케이트 타러 가다
go hiking 등산하러 가다	go biking 자전거 타러 가다
go surfing 서핑하러 가다	go fishing 낚시하러 가다
go climbing 등반하러 가다	

주의하세요!

특이하게도 golf는 경우에 따라 **play와 go를 모두 사용**할 수 있어요. 보통은 play golf가 더 일반적으로 쓰여요. 예를 들어, I play golf on weekends.라고 하면 "저는 주말마다 골프를 쳐요"라는 뜻이에요. 하지만 I go golfing with my friends.처럼 go golfing을 쓸 수도 있어요. 이 경우는 "저는 친구들과 골프를 치러 가요"라는 의미로, 활동 자체를 강조할 때 더 자연스럽게 들려요. 이런 특이한 케이스는 가끔 헷갈릴 수 있지만, 문맥에 따라 적절히 선택하면 돼요!

I play
badminton
on weekends.

22

스키를 잘 타나요?

DO YOU SKI WELL?

?

수업 시간에 학생들이 나누는 대화를 듣다 보면, Do you play baseball well? 같은 질문이 종종 들려요. 물론 문법적으로는 맞지만 원어민 입장에서는 약간 어색하게 들리는데, 왜일까요? 원어민은 실력을 물어볼 때 **'good + 명사'** 구조를 훨씬 더 선호하기 때문이에요. 예를 들어, Are you a good baseball player?처럼 물으면 훨씬 자연스럽죠. 이렇게 말하면 "너 야구 잘해?"라는 의미가 딱 전달되니까요.

여기서 한 가지 더 알아두면 좋은 게 있어요. 스포츠나 활동에 관해 상대방의 실력을 물어볼 때, 한국 학습자들은 **player라는 단어를 너무 자주 쓰는 실수**를 종종 해요. 하지만 원어민에게 Are you a good ski player?라고 묻는다면, 듣는 사람은 살짝 당황할지도 몰라요. 왜냐하면 스키를 타는 사람은 player가 아니라 skier라고 부르거든요. Are you a good skier?라고 물어야 자연스러워요. 이 규칙은 생각보다 간단해요. ski, surf, dance처럼 **활동 자체가 동사인 경우,** 그 동사에 **-er을 붙이면 돼요.** Are you a good skier?, Are you a good dancer?, Are you a good surfer?처럼요. 간단하죠? 물론, 또 그렇다고 모든 활동에 -er을 붙이는 건 아니에요. 만약 Are you a good soccer?라고 말한다면, 아마 상대방은 웃음을 참지 못할 거예요. 왜냐하면 공을 사용하는 스포츠나 게임에서는 **play라는 동사를 쓰기 때문에 player를** 붙이는 게 맞아요. 그래서 Are you a good tennis player?나 위에서 배웠듯이 Are you a good baseball player?가 올바른 표현이에요. 결론적으로, 활동에 따라 -er과 player를 적재적소에 쓰면 돼요. 이제 Are you a good baseballer? 같은 실수는 안 하겠죠? 그리고 다음에 실력을 물어볼 땐, well을 과감히 내려놓고 good을 선택해 보세요. 훨씬 더 원어민답게 들릴 거예요!

주의하세요!

well이 어색하게 들릴 때가 많지만, 사실 well이 꼭 필요한 상황도 있어요. 예를 들어, 친구와 농구 이야기를 하다가 좋아하는 선수가 플레이오프에서 항상 멋진 경기를 펼친다고 말하고 싶을 때를 생각해 볼까요? 이럴 때는 well을 써서 My favorite basketball player always plays well in playoff games.라고 하면 돼요. 이 표현은 "제가 가장 좋아하는 농구 선수는 항상 플레이오프 경기에서 좋은 활약을 펼쳐요"라는 뜻이에요. 이처럼 상대방의 실력을 묻는 질문에는 good 이 더 자연스럽지만, **특정 상황에서의 성과나 퍼포먼스를 이야기할 때**는 well을 사용하는 것이 더 적절해요. 그러니 well을 무조건 피하려 하지 말고, 상황에 맞게 써보세요. 이제 well과 good의 쓰임새가 훨씬 더 명확해졌죠?

23

우리 집 근처에 있어요.

IT'S LOCATED NEARBY MY HOUSE.

혹시 영어 문장을 쓸 때 located라는 단어를 자주 사용하시나요?

예를 들어, I went to a restaurant located nearby my home.
(집 근처에 위치한 식당에 갔어요)처럼요. 그런데 재미있는 사실은,
원어민들은 **일상 대화에서 located라는 단어를 거의 사용하지 않는다**
는 것이에요. 이 표현은 한국어를 영어로 번역할 때
자연스럽게 나오는 실수 중 하나예요.

한국어에서는 '~에 위치해 있다' 같은 표현을 자주 쓰기 때문에,
영어로도 is located at처럼 옮기고 싶은 마음이 들 수 있어요.
하지만 영어에서는 이렇게 길게 말할 필요가 없어요. 사실,
located 대신에 간단하게 near(근처에)나 right by(바로 옆에) 같은
표현을 쓰면 훨씬 더 일상적이고 원어민스럽게 들려요.

예를 들어, I went to a restaurant located nearby my home. 대신
I went to a restaurant near my house.라고 말하면
훨씬 간결하고 자연스럽죠.

엄밀히 말하면 located라는 단어는 **공식 문서나 공지사항에서**
자주 사용되기 때문에, 일상적인 대화에서는 굳이 사용할 필요가
없어요. 그러니 친구에게 "집 근처 식당에 갔어"라고
말하고 싶을 때는, I went to a restaurant near my house.라고
하면 훨씬 자연스럽죠! 정말 간단하죠?

그리고 또 하나 알아두면 좋은 건, nearby와 near의 차이예요.
nearby는 문장의 끝에서만 사용돼요. My gym is nearby.(내 헬스장은
근처에 있어요)나 Do you live nearby?(근처에 사세요?)에서처럼요.
반면에, 특정 장소를 언급할 때는 near를 써야 해요.
near는 명사와 함께 쓰는 거죠. My office is near the station.
(제 사무실은 역 근처에 있어요) 이렇게 located와 near/nearby의 차이를
알게 되면, 영어로 말할 때 더 자연스럽게 표현할 수 있을 거예요.

주의하세요!

앞서 언급했듯이 located는 격식 있는 표현으로, 주로 **특정하거나 고정된 장소(건물, 명소, 사업체 등)**를 설명할 때 사용돼요. 예를 들어, 공식적인 상황에서는 The hotel is located in the city center.(호텔은 도심에 위치해 있습니다)라고 말할 수 있어요. 하지만 일상 회화에서는 더 간단하게 The hotel is in the city center.(호텔은 도심에 있어요)라고 표현하는 것이 훨씬 자연스러워요.

또 하나 기억해야 할 점은 **locate라는 동사도 공식적인 상황에서만 사용**된다는 거예요. 특히 어떤 위치를 찾거나 발견하는 행위를 말할 때 더 그렇습니다. 예를 들어, We are trying to locate the nearest gas station.(우리는 가장 가까운 주유소를 찾으려고 하고 있어요)이라고 말하면 격식을 차린 느낌을 주기 때문에, 일상 대화에서는 어색하게 들릴 수 있어요. 이럴 때는 find라는 단어를 사용하는 것이 훨씬 더 자연스러워요. 그래서 We're trying to find the nearest gas station.(우리는 가장 가까운 주유소를 찾고 있어요)이라고 말하는 것이 더 적합해요.

It's near
my
HOUSE.

24

속이고 있어요.

THAT'S A HOLLYWOOD ACTION.

?

얼마 전에 한 학생과 축구 경기에 대해 이야기하고 있었는데, 그 학생이
어떤 선수가 '할리우드 액션'을 했다고 표현하더군요.
그 선수가 부상을 가장하고 있다는 의미였어요! 한국에서는
'할리우드 액션'이라는 표현을 특히 스포츠에서 많이 사용하는데,
누군가가 다친 척하거나 과장된 행동을 할 때 자주 쓰죠.
그런데, 영어에서는 이런 상황에서 Hollywood action이라는 표현을
사용하지 않아요. 사실, 영어권에서는 부상을 가장하거나 연기하는 행동을
설명할 때 **좀 더 직설적이고 간결한 표현**을 사용해요. 예를 들어, 그 선수가
일부러 넘어졌다면 He dove., 아니면 **다친 척을 하고 있으면** He's faking it.이라고
말하는 것이 훨씬 자연스러워요. 또한, **조금 더 비꼬는 느낌**으로 He's acting.
(그는 연기하고 있어요)이나, 그 선수가 **아주 그럴싸하게 연기하고 있다**는 의미로
He's selling it.(그는 진짜처럼 보이게 연기하고 있어요)이라는 표현도 많이 사용하죠.
실제로 축구, 농구 등에서 선수가 과장된 행동을 할 때, 관중이나
해설자가 He's faking it.이라고 말하는 걸 쉽게 들을 수 있어요.
그러니까 다음에 스포츠 경기를 보다가 선수들이 과장된 행동을 하면,
He's faking it. 같은 자연스러운 영어 표현을 한번 써보세요!
훨씬 더 영어다운 느낌이 들 거예요.

주의하세요!

스포츠 경기에서 선수가 다친 척하거나 과장된 행동을 할 때 He's faking it. 같
은 직접적인 비난 표현을 자주 쓰곤 해요. 하지만 일상적인 대화에서는 이런 표현
이 다소 과격하게 들릴 수 있어요. 대신 He's exaggerating.(그는 과장하고 있어
요) 같은 표현을 사용하는 것이 좋아요. 이렇게 말하면 당사자의 행동이 과장됐다
는 사실에만 초점을 맞추기 때문에 비난의 강도가 줄어들어요. **의도에 대한 단정
없이 행동의 정도를 지적하는 방식**이라 더 부드럽게 들리는 거죠.
또한, 공식적인 자리에서는 He's faking it.처럼 직접적인 비난이 담긴 표현은 피
하는 것이 바람직해요. 대신 It seems like he's not really hurt.(그가 진짜로
다친 것 같지 않네요)처럼 완곡한 표현을 사용하는 것이 더 적절하죠. 이렇게 말하
면 **당사자를 배려하면서도 상황을 부드럽게 전달**할 수 있어요.

He's
FAKING IT.

네이티브가 듣고 바로 알아챌 영어 실수들

25

잠깐 시간 있어?

DO YOU HAVE TIME FOR A MOMENT?

얼마 전에 바쁜 하루를 보내고 있는데, 한국인 동료가 저에게
Do you have time for a moment?라고 물어봤어요.
그 의도는 충분히 이해됐지만, 영어로는 약간 어색하고
격식 차린 느낌이 들더라고요. 한국어에서 "잠깐 시간 있어?"라는
표현은 자연스러운데, 이를 그대로 번역한
Do you have time for a moment?는 영어에서는
조금 부자연스럽게 들려요. 왜 그럴까요?
한국어에서는 **대상(시간)과 양(잠깐)을 나누어서 표현하는 경향**이
있어요. 예를 들어, "잠깐 시간 있어?"라는 표현에서 '시간'은
대상, '잠깐'은 그 시간의 양을 나타내죠. 그래서 영어로도
time과 moment를 함께 쓰고 싶어하는 거죠.
하지만 영어에서는 이런 식으로 대상과 양을 분리하지 않고,
대상과 양을 합친 간결한 표현을 사용하는 것이 더 일반적입니다.
Do you have a minute?나 Got a moment?같은 표현이
대상과 양을 동시에 전달하는 방식이에요.
a minute나 a moment는 특정한 **시간이나 양을 따로 떼어내지 않고**,
잠깐의 시간을 의미하면서 상대방이 대화할 수 있는
여유가 있는지 묻는 자연스러운 표현이죠.
이렇게 대상과 양을 하나로 합쳐 표현하는 것이 영어에서는
더 간단하고 흔한 방식이에요.
참고로 알아두면 좋은 다른 자연스러운 표현으로는
Can I grab you for a second?가 있어요.
여기서 grab은 실제로 상대방을 잡는다는 의미가 아니라,
잠깐 대화를 나누고 싶다는 뜻이에요. 비슷하게
Can I talk to you for a bit?도 상대에게 짧은 시간을 요청할 때
자주 쓰이는 편안한 표현입니다.

정리하자면, 한국어에서는 대상(시간)과 양(잠깐)을 따로 나눠서 표현하는 것이 자연스럽지만, 영어에서는 Do you have a minute?, Got a moment?처럼 대상과 양을 하나로 합친 간결한 표현을 사용하는 것이 더 자연스럽게 들려요. 다음번에 누군가에게 잠깐 이야기를 나눌 시간이 있는지 물어볼 때는, 이렇게 간단한 표현을 사용해 보세요!

주의하세요!

영어 대화에서 a second나 a minute은 보통 정확히 1초나 1분을 의미하지 않아요. 이 표현들은 **단순히 짧은 시간을 의미하는 관용적 표현**이에요. 즉, 시간의 정확한 길이에 얽매일 필요 없이, 상대방에게 잠시 시간을 내줄 수 있는지를 물어보는 용도로 사용됩니다.

예를 들어, Can I grab you for a second?라고 묻는다고 해서 실제로 1초만 대화를 나누겠다는 뜻은 아니죠. 이 표현은 단순히 잠깐 이야기를 나누고 싶다는 의미를 전달하는 거예요. 마찬가지로, Do you have a minute?도 정확히 1분을 뜻하는 게 아니라 잠시 대화를 나눌 여유가 있느냐는 질문이에요.

Do you *have* **a minute?**

26

내 지갑 봤니?

DID YOU LOOK AT MY WALLET?

토론식 수업에서 수강생들이 종종 Let's see this article.이라고
말하는 경우가 있어요. 하지만 이 표현은 올바르지 않아요.
see는 '무언가가 시야에 들어와 자연스럽게 보이는 상황'을
의미하기 때문에, 기사를 **집중해서 살펴보겠다는 의미**라면
look at을 사용하는 것이 더 적합해요. 그러니까
Let's look at this article.(이 기사를 살펴봅시다)이라고 말해야
자연스럽고 올바른 표현이에요.
반면, 수업 후에 강의실에 지갑을 두고 온 경우
Did you look at my wallet?이라고 말하면 어색하게 들릴 수
있어요. 이때는 Did you see my wallet?(제 지갑 보셨어요?)처럼
see를 사용하는 것이 맞아요. see는 **무언가가 시야에 들어오는 것을
표현**할 때 쓰는 동사라서, 이런 상황에 더 적합하죠.
그럼 TV, 영화, 스포츠 경기를 본다고 할 때는 어떨까요?
이때는 see나 look at 대신 **watch를 사용**하는 것이 맞아요.
watch는 **움직이는 대상을 지켜볼 때** 사용돼요.
TV, 영화, 스포츠 경기처럼 계속해서 변화하거나 움직이는
대상을 볼 때 주로 쓰죠. 예를 들어, I watched an NBA game last
night on TV.(어젯밤 TV로 NBA 경기를 봤어요)처럼요.
하지만 책을 볼 때는 I'm watching a book.이라고 말하면
이상하겠죠? 책은 움직이지 않으니까요!
이처럼 look, see, watch는 모두 '보다'라는 의미를 가지고 있지만,
각각의 사용 방식이 달라요. 끝으로 퀴즈를 하나 내볼게요.
다음 상황에서 어떤 동사를 써야 할까요?
"이 그래프를 한번 살펴보세요"
네, 이럴 때는 look at이에요! Look at this graph.

주의하세요!

see는 단순히 눈으로 무언가를 보는 것을 넘어서, 비유적으로 **어떤 개념이나 상황을 이해**하는 의미로도 자주 사용돼요. 무언가를 깨닫거나 이해하는 순간, 마치 **눈 앞에 '보이는 것처럼' 느껴지는 상황**을 떠올리면 기억하기 쉬워요.

예를 들어, 친구가 설명을 했는데 처음에는 이해가 안 갔던 상황을 생각해 보세요. 이런 경우, I didn't get it at first, but now I see what you mean.(처음에는 이해하지 못했는데, 이제 네가 무슨 말하는지 알겠어)처럼 말할 수 있어요. 또 다른 예로, 누군가 설명을 듣고 갑자기 이해가 되는 순간이 찾아왔다면, Oh, I see! That makes sense now.(아, 알겠다! 이제 이해가 돼)라고 자연스럽게 표현할 수 있죠.

DID YOU *see* my wallet?

27

잘 모르겠어요.

I DON'T
KNOW WELL.

?

수업 시간에 학생들이 익숙하지 않은 주제에 대해 토론할 때
자주 들리는 말이 있어요. 바로 I don't know well.이에요.
사실 이 표현은 한국어에서 '잘 아는 건 아닌데요'를
영어로 직역한 건데요, 아쉽게도 영어에서는 이렇게
말하면 어색하게 들릴 수 있어요.

영어에서 무언가에 익숙하지 않다고 말하고 싶을 때는
familiar라는 단어를 사용하는 게 더 자연스러워요.

예를 들어, 토론 주제로 Do you know much about climate
change?(기후 변화에 대해 잘 아세요?)라는 질문이 나왔다고 해볼게요.
이때 I don't know well. 대신 I'm not familiar with it.(그건 잘 몰라요)
이라고 대답하는 것이 훨씬 더 자연스럽게 들려요.

또는 뭔가 잘 모르겠지만, 너무 모른다고 말하기엔
약간 부담스러운 경우도 있죠. 그럴 땐

I'm not too sure.(저도 잘 모르겠어요)라고 하면 부드럽게 답할 수
있어요. 예를 들어, What's your opinion on artificial intelligence
in education?(교육에서 인공지능에 대한 당신의 의견은 무엇인가요?)이라는
질문을 받았다고 해볼게요. 이런 경우에는 I'm not too sure,
but I think it could be helpful for students.(잘 모르겠지만, 학생들에게
도움이 될 수도 있을 것 같아요)처럼 부드럽게 답할 수 있어요.

또 한 가지, 어떤 주제에 대해 자세히는 모르지만 대략적으로
알고 있을 때가 있잖아요? 그럴 땐 **I don't know much about
it. (그것에 대해 잘 몰라요)**이라는 표현이 적합해요.

예를 들어, What do you know about the global economy?
(세계 경제에 대해 무엇을 알고 있나요?)라는 질문에

I don't know much about it, but I've heard it's recovering.
(자세히는 모르지만, 회복 중이라는 이야기는 들었어요)이라고 답하면
자연스럽게 의견을 전달할 수 있어요.

왜 이런 차이가 생길까요? 영어에서는 '잘 안다', '잘 모른다'를
표현할 때 '정도'를 강조하기보다는 **상황이나 상태를 묘사하는**
표현을 더 선호해요. familiar는 익숙한 상황을 나타내고,
not too sure는 확신이 부족하다는 상태를 전달하며,
don't know much about은 아는 범위가 제한된 상황을 강조해요.
모두 상황이나 상태를 묘사하는 표현들이죠.
이런 표현들만 익혀도 토론 시간에 훨씬 더 자연스럽게
대답할 수 있어요. 그러니 다음에 I don't know well.이라고
말하고 싶을 때는, I'm not familiar with it., I'm not too sure.
혹은 I don't know much about it.이라고 살짝 바꿔보세요.
훨씬 자연스럽고 영어권 사람들에게도
더 공감받을 수 있는 표현이 될 거예요!

주의하세요!

I don't know him well.은 누군가를 약간은 알지만, <u>깊은 관계나 친밀함이 없다</u>
<u>는 것을 자연스럽게 표현</u>하는 일반적인 방법이에요. I don't know well.처럼 어
색하고 잘못된 표현과는 달리, I don't know him well.은 단순히 아는 행위가
아닌 **그 사람과의 친밀도**를 나타내요.
예를 들어, 누군가가 Are you and Sarah close?(너와 사라는 친해?) 또는 Do
you know Sarah well?(사라를 잘 알아?)이라고 물어봤을 때, 사라와 몇 가지
프로젝트를 함께 했지만 개인적으로는 잘 모를 경우, We've worked on a few
projects together, but I don't know her well.(우리는 몇 가지 프로젝트를
함께 했지만, 그녀를 잘 알지는 못해요)이라고 대답할 수 있어요.
서양 문화에서는 단순히 아는 사람(acquaintances)과 정말 친한 사람(friends) 사
이의 구분이 중요해요. I don't know him well.이라는 표현은 누군가에 대해 충
분히 알지 못해 더 깊은 정보를 제공할 수 없다는 점을 정중하게 인정하는 방법이
에요.

I'm not
familiar
with it.

28

그녀는 저랑 동갑이에요.

SHE'S THE SAME WITH ME IN AGE.

한국에서는 '나이'가 정말 중요하죠. 나이가 같으면 금방
친구가 되기도 하고, 서로 부르는 호칭이나 말투도
나이에 따라 달라지니까요. 그래서 한국 사람들이 나이에 대해
자주 이야기하는 것은 전혀 이상한 일이 아니에요.
그런데 영어로 같은 나이인 '동갑'이라는 개념을 표현하려다
보면, 조금 어색한 상황이 생기기도 해요.
예를 들어, 한국어로는 "그녀는 저랑 동갑이에요"라고
자연스럽게 말할 수 있지만, 영어에는 사실 **'동갑'을 나타내는 정확한**
단어가 없어요. 그래서 종종 She's the same with me in age.처럼
직역하게 되는데, 이건 영어로는 다소 어색하게 들려요.
영어는 나이를 표현하는 방식이 한국어와 조금 다르기 때문이죠.
영어로는 간단하게 We're the same age.(우리는 동갑이에요)라고
표현하면 충분해요. 더 구체적으로 말하고 싶다면 She's the same
age as I am.(그녀는 나와 같은 나이예요)라고 할 수도 있고요.
이 외에도 We were born in the same year.(우리는 같은 해에 태어났어요)
라는 표현도 동갑임을 설명할 때 자주 사용됩니다.
사실 She's the same with me in age. 문장에는 **문법적인 문제도**
있어요. same은 비교 대상을 명확히 해주는 **전치사 as와 함께**
쓰이는 경우가 많습니다. 반면 **with는 사람이나 사물을 함께할 때,**
즉 동반을 나타내는 전치사로, '같은 것'을 비교하는 상황에서는
적합하지 않아요. 그래서 She's the same with me in age.라고
말하면, 마치 나와 함께 무언가를 하고 있는 것처럼 들려서
어색하게 느껴지는 거예요. 따라서 영어에서 나이가 같은 사람을
설명할 때는 She's the same age as I am.처럼 as를 사용하여
두 사람을 비교하는 것이 문법적으로 맞고 자연스럽습니다.

주의하세요!

서양에서는 나이가 민감한 주제예요. 많은 사람들이 나이를 공개하는 것을 꺼리는데, 이는 **나이 들어 보이는 것에 민감하기 때문**이에요. 따라서 How old are you?라고 직접 묻는 것은 무례하게 여겨질 수 있어요.

물론 나이에 따라 특별히 다른 언어를 사용할 필요는 없지만, 나이 차이가 많이 나는 사람에게는 공손하게 말하는 것이 예의예요. 예를 들어, Excuse me, Sir, could you help me?처럼 공손하게 말하면 자연스러워요. 하지만 비슷한 나이로 보이는 사람에게 Sir 같은 호칭을 사용하면 상대방이 기분 나빠할 수 있어요. 이는 상대방이 **나이 들어 보인다고 느낄 수 있기 때문**이에요.

We're the same age.

29

LA로 여행을 갔어요.

I WENT TO TRAVEL TO LA.

수업에서 여행을 주제로 이야기할 때 I went to travel to LA.라는 식의 문장을 종종 듣게 됩니다. 무슨 말을 하려는지는 이해가 되지만, 영어로는 약간 어색하게 들릴 수 있어요. 한국어로는 "LA로 여행을 갔어요"라는 표현이 자연스럽다 보니, 영어에서도 비슷하게 go와 travel을 함께 사용하려는 경향이 있는 것 같아요. 하지만 travel은 이미 **'이동하다'와 '여행하다'라는 두 가지 의미**를 모두 포함하고 있기 때문에, go to travel이라고 표현하면 **의미가 중복**되어 어색하게 들릴 수 있어요.

그렇다면 더 자연스러운 표현은 무엇일까요?

I traveled to LA.라고 하면 돼요. travel이라는 동사 하나만으로 LA로 이동해서 여행했다는 의미를 충분히 전달할 수 있죠. travel 자체에 이동의 의미가 들어있기 때문에, go 같은 동사를 굳이 덧붙이지 않아도 되는 거예요.

혹은 **동사를 명사로 바꿔서 표현**하는 방법도 있어요.

예를 들어, I took a trip to LA.는 "LA로 여행을 다녀왔어요"란 의미로, 일상적인 대화에서 자주 사용되는 자연스러운 표현이에요. 또, 이번 여행이 휴가를 목적으로 한 것이라면, I took a vacation to LA.라고 말할 수도 있어요.

이 표현은 "LA로 휴가를 다녀왔어요"란 의미로, 특히 미국식 영어에서 많이 사용돼요.

결론적으로, I went to travel to LA. 대신 I traveled to LA., I took a trip to LA. 또는 I took a vacation to LA.라고 말하면 훨씬 자연스럽게 들려요. travel이나 trip, vacation 같은 단어들은 이미 **이동과 여행의 의미를 모두 담고 있기 때문에**, go와 같은 동사를 함께 쓸 필요가 없다는 점을 기억하세요.

주의하세요!

I like to travel.이라고 하면 **특정 목적지 없이 여행 자체를 즐긴다**는 의미가 돼요. 이 문장에서는 여행이라는 행위 그 자체, 즉 여행의 경험이나 활동에 초점을 맞추고 있죠. 하지만 특정 장소로 여행을 갔다고 말하고 싶다면 **I traveled to...**처럼 **목적지를 분명하게 언급**해야 해요. 예를 들어, I traveled to Spain last summer.라고 하면 '지난 여름에 스페인으로 여행을 갔다'는 의미가 돼요.

네이티브가 듣고 바로 알아챌 영어 실수들

30

기억해 주세요.

PLEASE
REMEMBER.

한국 친구들이 외국인과 대화를 나눌 때 Please remember...라는 표현을 자주 쓴다는 걸 발견했어요. 예를 들어, Please remember to meet me at the café. (카페에서 만나기로 한 거 기억해 줘)라는 식의 말이죠. 이 표현은 문법적으로는 맞고 중요한 약속을 상기시킬 때 유용하지만, 일상적인 대화에서는 약간 지나치게 격식 있게 들릴 수 있어요.

Please remember는 주로 공식적인 이메일이나 공지에서 중요한 사항을 상기시킬 때 적합해요. 업무나 학교에서 기한을 강조할 때는 자연스럽지만, 친구들끼리 대화할 때는 다소 딱딱하게 들릴 수 있어요. 그래서 일상적인 대화에서는 조금 더 부드럽고 자연스러운 표현을 쓰는 게 좋아요. 예를 들어, **Please keep in mind...**라는 표현은 가벼운 상기용으로 많이 사용됩니다. Please keep in mind that we need to leave early tomorrow. (내일 일찍 떠나야 한다는 걸 명심해 줘요)처럼요. 또한, **Please don't forget...**은 좀 더 직접적이지만 여전히 친근하게 들릴 수 있어요. 예를 들어, Please don't forget to pick up some milk on your way home. (집에 오는 길에 우유 사 오는 거 잊지 마세요) 이라고 할 수 있죠. 상대방이 어떤 상황을 고려해 주길 바랄 때는 **Please consider...** 같은 표현이 적합합니다. 예를 들어, Please consider how tired she is before asking her for a favor. (그녀에게 부탁하기 전에 얼마나 피곤한지 고려해 주세요)라고 할 수 있어요.

정리하자면, Please remember...는 틀린 표현은 아니지만, 일상 대화에서는 조금 딱딱하게 들릴 수 있어요. 그러니 친구들과 대화할 때는 더 자연스럽고 부드러운 표현인 Please keep in mind...나 Please don't forget...같은 표현을 한번 써보세요. 훨씬 자연스럽고 편안하게 들릴 거예요!

주의하세요!

keep in mind는 주로 부드럽게 상기시키거나 조언할 때 많이 쓰이는 표현이지만, **부정적인 내용을 전달할 때는 주의**가 필요해요. 특정 행동이나 상황을 지적하려는 의도로 사용하면, 상대방이 <u>비판적으로 받아들일 수 있기 때문</u>이죠. 예를 들어, Keep in mind that you're often late.(너 자주 늦는다는 걸 명심해)라고 말하면, 상대방은 자신이 계속해서 **문제를 일으킨다는 비난**으로 느낄 수 있어요.

Please keep
in mind *that*
we need to leave
early tomorrow.

31

그건 처음 듣는 얘기네요.

THAT'S A STORY I'M HEARING FOR THE FIRST TIME.

?

한국어의 '얘기'나 '이야기'라는 단어는 참 흥미로워요.

이 단어는 상황에 따라 영어로 story (이야기)나 conversation (대화)

으로 번역될 수 있지만, 정확히 딱 맞는 영어 표현을

찾기 어려울 때가 많아요. 그래서 학생들이 가끔

That's a story I'm hearing for the first time. (그건 처음 듣는 이야기네요)

같은 표현을 쓰는 것을 보면, 왜 그렇게 말했는지 이해가 가요.

'이야기'를 영어로 옮기려다 보니 자연스럽게

그런 표현을 사용하게 되는 거죠.

하지만 영어에서 story는 보통 긴 이야기나 사건을

말할 때 쓰이고, conversation은 사람들 간의 대화를

전체적으로 가리키기 때문에 특정한 말을 지칭할 때는

잘 맞지 않아요. 가령, 그래서 That's a story I'm hearing for the

first time.이라고 하면 상대방의 말이 긴 사건이나

이야기를 묘사하는 것처럼 들릴 수 있어요.

이럴 때는 story 대신 간단히 that을 사용해

I've never heard that before. (그건 한 번도 들어본 적 없어요)라고

말하는 게 더 자연스러워요. 또 다른 표현으로는

This is the first time I'm hearing about that. (그 얘기는 처음 들어요)

이나 That's news to me. (그건 처음 듣는 얘기네요)도 자주 사용돼요.

특히 news는 새로운 정보를 의미하기 때문에,

'새로운 이야기'처럼 들릴 수 있어서 재밌는 표현이에요.

결론적으로, '이야기'라는 단어가 영어로 쉽게 번역되지 않는 만큼

이런 표현들을 익혀두면 더 자연스럽고

원어민처럼 들릴 수 있어요. 다음에 비슷한 상황이 온다면

That's news to me!라고 말해보세요.

간단하고 자연스럽게 대화를 이어갈 수 있을 거예요.

주의하세요!

Did you see the news?랑 Did you hear the news? 이 두 표현은 비슷해 보이지만 실제로는 상황에 따라 조금 다르게 쓰여요. news는 **맥락에 따라 다른 의미**를 가지거든요.

먼저, Did you see the news?는 주로 **TV나 신문, 인터넷에서 본 뉴스**를 말할 때 사용해요. 예를 들어, Did you see the news? There's going to be a typhoon next week.(뉴스 봤어요? 다음 주에 태풍이 온대요.)처럼, 공식적인 사건이나 큰 뉴스를 이야기할 때 쓰이죠.

반면에, Did you hear the news?는 **개인적인 소식이나 사람들 사이에서 들려오는 이야기**를 말할 때 더 자연스러워요. 예를 들어, Did you hear the news? Clara and Song are having a baby!(뉴스 들었어요? 클라라랑 송이 아기를 가졌대요.)처럼 사람들 사이에서 전해지는 이야기에 더 가까운 느낌이에요.

That's
news to
me.

32

프랑스 요리에는 버터가 너무 많아요.

FRENCH FOOD HAS SO MUCH BUTTER.

음식 이야기는 누구나 좋아하는 스몰토크 주제 중 하나죠. 그런데 한 가지 재미있는 점은, 한국에서는 보통 "버터가 많다"나 "버터가 적다"처럼, 음식의 맛이나 재료의 느낌을 이야기할 때 **양에 초점을 맞추는 경우가 많아요**. 예를 들어, French food has so much butter. (프랑스 요리에는 버터가 너무 많아요)라고 말하죠. 버터 맛이 강하면, 당연히 버터가 많이 들어갔다고 생각하기 쉬우니까요.

그런데 원어민들은 이렇게 말하지 않아요! 음식에 무언가가 얼마나 들어갔는지보다는, **풍미에 더 집중해서 표현**하죠. 그래서 원어민들은 French food is so buttery. (프랑스 요리는 버터 맛이 엄청 강해요.)라고 말합니다. 여기서 중요한 포인트는 바로 buttery예요. butter에 -y만 붙이면, 버터 맛이 나는 형용사가 되어버리는 거죠!

사실, buttery처럼 **명사에 y를 붙이는 것만으로 형용사를 만들 수 있다**는 건 정말 유용해요. 음식을 설명할 때 특히 많이 쓰이죠. 버터, 후추, 레몬 같은 재료를 생각해 보세요. It's too buttery. (버터 맛이 너무 강해), It's too peppery. (후추 맛이 너무 강해), It's really lemony. (레몬 맛이 많이 나)처럼 자연스럽게 사용할 수 있답니다.

1   명사에 y를 붙이면 형용사로 사용할 수 있어요

(1) oil + y = oily(기름기가 함유된, 기름진)
Chinese food is a bit too oily for me.
중국 음식은 제 입맛에는 조금 기름져요.

(2) crunch + y = crunchy(아삭아삭한)
This apple is very crunchy.
이 사과는 정말 아삭아삭해요.

(3) juice + y = juicy(물기가 많은, 육즙이 풍부한)
The steak is soft and juicy.
이 스테이크는 부드럽고 육즙이 많아요.

2   과일이나 채소 이름도 **y**를 붙이면 형용사로 사용할 수 있어요.

(1) watermelon + y = watermelony
  (수박이 많이 들어갔거나 수박 맛이나 향이 강한)

This fruit smoothie is very watermelony.
이 과일 스무디에서 수박 맛이 많이 나네요.

(2) onion + y = oniony(양파가 많이 들어 있거나 양파 맛이나 향이 강한)

This omelet is so oniony.
이 오믈렛은 양파 향이 너무 강해요.

(3) lemon + y = lemony(레몬이 많이 들어갔거나 레몬 맛이나 향이 강한)

This tea tastes so lemony.
이 차는 레몬 맛이 정말 강하네요.

주의하세요!

'-y' 표현은 격식을 차리지 않는 **캐주얼한 대화에서 딱 어울리는 표현**이에요. 친구와 편하게 대화할 때나 일상적인 상황에서 자주 쓰죠. 예를 들어, **This candy is super watermelony!**(이 사탕은 정말 수박 맛이 강해요!) 같은 문장이죠. 하지만, 공적인 자리나 업무 프레젠테이션에서는 이 '-y' 표현이 조금 가벼워 보일 수 있어요. 예를 들어, **This design feels so innovativey!**(이 디자인은 아주 innovativey해요)라고 하면 전문성이 떨어져 보일 수 있겠죠? 이런 상황에서는 반드시 더 정중하고 정확한 표현을 사용하는 것이 중요해요.

33

나중에 다시 말씀드릴게요.

I WILL TELL YOU THAT AGAIN LATER.

한국 사람들이 회의 중에 종종 I will tell you that again later.라는 말을 하는 걸 볼 때가 있어요. 한국어의 '말씀드리다'라는 표현을 영어로 tell로 번역해서 표현한 것이죠.

그런데 영어에서는 이런 상황에서 tell을 잘 쓰지 않아요. tell이라는 단어는 **너무 직접적이거나 가끔은 무거운 느낌을** 줄 수 있거든요. 그래서 영어에서는 **follow up, talk,** 아니면 **get back to** 같은 표현을 더 많이 써요.

이런 표현들이 훨씬 부드럽고 자연스럽게 들리죠.

예를 들어, 회의 중에 동료에게 I'll tell you later.라고 말하면, 상대방은 '나중에 무슨 중요한 얘기를 하려나?'라고 생각할 수 있어요. 하지만 실제로는 단순히 '나중에 다시 이야기하자'는 뜻으로 말한 거잖아요. 이런 오해를 피하려면 tell 대신 We'll talk about that again later.나 I'll get back to you on that. 같은 표현을 쓰는 게 훨씬 자연스럽고 정확해요.

그러니까 앞으로는 tell 대신 talk이나 get back to, follow up 같은 표현을 써보세요. 이렇게 하면 외국인들도 여러분이 무슨 말을 하고 싶은지 더 쉽게 이해할 거예요!

I'll get back to you on that.
그것에 대해 나중에 다시 말씀드릴게요.

We'll talk about that again later.
그건 나중에 다시 이야기하겠습니다.

I'll follow up with you on that later.
그것에 대해 나중에 다시 연락드리겠습니다.

주의하세요!

follow up 같은 동사는 하이픈 없이 사용되지만, **명사나 형용사로 사용할 때는 하이픈을 붙여서** follow-up이라고 표기해요. 영어에서는 하이픈이 명사나 형용사를 만들 때 자주 사용되는데, 이 차이를 이해하면 영어를 훨씬 자연스럽고 정확하게 사용할 수 있어요. 예를 들어, 동사로 사용할 때는 I will follow up with you tomorrow.(내일 후속 조치를 취하겠습니다)라고 말하죠. 여기서 follow up은 동사라서 하이픈이 없어요. 반면, 명사로 사용할 때는 I didn't receive a follow-up after our initial discussion.(첫 번째 논의 후에 후속 조치를 받지 못했습니다)처럼 하이픈을 붙여서 사용해요. 이 문장에서 follow-up은 '후속 조치'라는 의미의 명사로 쓰인 거예요. 또한, 형용사로 쓸 때도 하이픈을 붙이는데, The follow-up email clarified the details.(후속 이메일이 세부 사항을 명확히 해줬습니다)처럼 follow-up이 이메일을 수식하는 형용사로 쓰였기 때문에 하이픈을 붙여야 해요.

 I'LL GET BACK **to you** *on that.*

34

그는 참 재미있는 남자예요.

HE'S A SO FUNNY GUY.

영어에서 so와 such는 둘 다 '정말' 또는 '너무'라는 의미로
쓰인다는 걸 알고 계시죠? 한국어로 '시원하다'나 '좋다'라고
할 때, 많이 쓰는 표현 중 하나가 so cool이에요. 그래서
한국인들이 특히 so에 익숙한 경우가 많아요. 그러다 보니 종종
so를 남발하게 되고, 특히 명사 앞에도 so를 쓰는 실수를
많이 하게 됩니다. 예를 들어, He's a so funny guy.
(그는 참 재미있는 남자에요)처럼 말이죠.

so가 형용사 funny를 강조하는 건 맞습니다. 하지만
영어 문법에서 **so는 형용사 뒤에 명사가 이어질 때 사용할 수 없어요.**
이런 경우에는 문법적으로 such를 사용해야 해요.
so는 형용사나 부사를 강조할 때만 사용된다는 점을 꼭
기억해야 해요. 예를 들어, He's so funny.(그는 참 재밌어요)처럼
형용사만 있을 때는 so를 쓰면 딱 맞아요.

그렇다면 명사를 강조할 때는 어떻게 해야 할까요? 바로 such가
필요한 순간이에요. such는 **'형용사 + 명사' 또는 명사만 강조할 때
사용**됩니다. 예를 들어, He's such a funny guy.(그 사람은 정말 재미있는
친구에요)처럼요. 중요한 점은 일반적으로 such를 사용할 때는
명사 앞에 형용사가 꼭 있어야 자연스럽다는 거예요.
즉, so는 '형용사'만 강조할 때 사용하고, such는 '형용사 + 명사'를
강조할 때 사용해야 한다는 규칙이 있어요. 이렇게 하면
문장이 훨씬 더 자연스럽게 들립니다.

He's a so funny guy.	❌
He's so funny.	⭕
He's such a funny guy.	⭕

물론, such를 꼭 '형용사 + 명사로'만 사용하는 건 아니에요.
such는 형용사 없이 명사만 강조할 때도 쓸 수 있어요.
예를 들어, It's such a mess! (정말 엉망이야!)처럼 형용사 없이도
특정 명사를 강조하는 경우에도 사용이 가능해요.

It's such a nice day! 정말 멋진 날이야!
It's such chaos! 정말 혼란이야!

이처럼 so와 such는 문장의 구조와 강조하려는 대상에 따라
달라지고, 그 차이를 이해하면 더 자연스럽고 정확하게 사용할 수
있어요. 다음에 so와 such를 사용할 때는 이것만 기억하세요.
so는 '형용사'를, such는 '형용사 + 명사' 또는
'명사'를 강조할 때 사용해요. 이 차이를 잘 기억해 두면
영어 회화에서 훨씬 더 자연스럽게 표현할 수 있을 거예요!

주의하세요!

<u>such는</u> 모든 영어권에서 사용되지만, **영국식 영어에서 특히 더 자주 쓰이고, 북미식 영어**에서는 **so가 더 흔히 사용**돼요. 이 차이를 잘 알아두면 영어 회화에서 훨씬 자연스러운 표현을 구사할 수 있어요.

예를 들어, 영국식으로는 She's such a laugh!라고 말하는데, 미국식으로는 She's so funny!라고 표현해요. 둘 다 "정말 웃긴다"란 뜻이지만, **영국식 영어**에서는 such를 써서 명사를 강조하고, **미국식 영어**에서는 so가 형용사나 부사를 강조하는 방식으로 더 자주 쓰인답니다. 또, 영국식으로 It's such a bother.(정말 귀찮아)라고 하는 반면, 미국식으로는 It's so annoying.이라고 하죠. 의미는 같지만 강조하는 방식이 다른 거예요.

이제 좀 더 응용해볼까요? **영국식으로** He's such a gentleman.이라고 말할 수 있고, **미국식으로는** He's so polite.라고 표현할 수 있어요. 혹은, 영국식으로 This is such good news!라고 하면, 미국식으로는 This news is so great! 라고 바꿔 말할 수 있죠. 이처럼 상황에 맞게 적절히 사용할 수 있으면, 어느 나라에서든 자연스럽게 대화할 수 있을 거예요.

He's
so
FUNNY.

35

어제 야근을 했어요.

I OVERWORKED YESTERDAY.

?

한국도 요즘은 워라밸이 중요해져서 예전만큼 야근을 많이 하지는 않는 것 같아요. 그래도 가끔은 **야근**을 하기도 하는데, 이 경우 학생들이 영어로 I overworked yesterday.라고 말하는 걸 자주 들어요. 하지만 이 표현은 영어에서는 조금 어색하게 들려요. 왜냐하면, overworked는 **자신이 감당할 수 있는 것보다 더 많은 일을 시키는 상황**을 의미하거든요. 즉, 회사나 상사가 너무 힘든 일을 시켜서 과로로 이어지고, 추가적인 스트레스와 피로를 느끼는 상태를 말해요. 그래서 I am overworked.라고 하면, "나는 과로하고 있어요"라는 의미로, 단순히 야근을 했다는 뜻이 아니라 피곤하고 스트레스가 많은 상태를 가리키죠. 그럼 **야근을 했다**라고 말하고 싶을 때는 어떻게 해야 할까요? 영어에서는 **overtime이라는 단어**가 명사로 쓰이기 때문에, I worked overtime yesterday.(어제 야근했어요)나 I did overtime yesterday.라고 말하는 것이 훨씬 자연스러워요. 또, 간단하게 I worked late last night.이라고도 말할 수 있어요. work late란 표현은 '일을 늦게까지 하다'란 의미로, '야근하다'란 뜻으로도 사용할 수 있답니다.

조금 더 배워볼까요?

어떤 직장 환경, 예를 들어 공장, 식당 또는 학원 같은 곳에서는 직원들의 근무 시간이 조금씩 다를 수 있어요. 어떤 직원은 아침에 일하고, 또 어떤 직원은 저녁에, 심지어 밤새 일하는 사람도 있죠. 영어에서는 이러한 **근무 시간대를 shift(교대 근무)라고** 부릅니다. shift는 정해진 시간대에 따라 교대하면서 일하는 것을 의미해요. 예를 들어, 아침에 일했다면 I worked the morning shift.(저는 아침 근무를 했습니다)라고 말할 수 있어요. 밤새 일해야 한다면 I have to work the night shift.(저는 야간 근무를 해야 합니다)라고 표현할 수 있죠.

the day shift 주간 근무

the night shift 야간 근무

the morning shift 아침 근무

the evening shift 저녁 근무

주의하세요!

overworked는 주로 형용사로 쓰이며, **끝없는 업무에 시달리는 사람들을 묘사**할 때 자주 사용돼요. 예를 들어, overworked nurses는 과로하는 간호사들을, overworked teachers는 과로하는 교사들을 의미하죠. 특히 **under-와 함께 사용하면 불평을 시적으로 표현**할 수 있어요. 예를 들어, overworked and underpaid는 과로하는데 박봉인 상황을, overworked and understaffed는 과로하는데 인력이 부족한 상황을, overworked and undervalued는 과로하는데 인정받지 못하는 상황을 나타낼 때 사용돼요. 그래서 Many professionals are overworked and underpaid.라고 하면 많은 직업인들이 과로하면서도 충분한 보상을 받지 못한다는 의미가 되고, Our team is overworked and understaffed.라고 하면 팀의 업무량이 과중하고 인력이 부족하다는 뜻이 돼요. 또 Caregivers are overworked and undervalued.라는 문장은 돌봄 노동을 하는 사람들이 많은 일을 하지만 정당한 평가를 받지 못한다는 의미를 전달할 수 있어요.

I worked **overtime** *yesterday.*

네이티브가 듣고 바로 알아챌 영어 실수들

36

아직 초저녁인데 벌써 가?

IT'S STILL EARLY EVENING!

한국은 야간 활동과 문화로 유명한 만큼, 친구들과 늦게까지 어울리는 게 자연스럽죠. 한창 재미있게 놀고 있는데, 누군가 먼저 집에 가려 한다면 한국인들은 흔히 **"아직 초저녁인데 벌써 가?"** 라고 말하며 붙잡곤 합니다. 그런데 이걸 영어로 직역해 **It's still early evening!** 이라고 말하는 경우가 있는데, 사실 이 표현은 원어민에게는 약간 어색하게 들려요.

왜 그럴까요? **밤이 늦지 않았다는 것을 강조**할 때, 한국어에서는 **'저녁'** 이라는 단어에 초점을 맞추지만, 영어에서는 **night** 라는 단어를 사용해 어두워진 후에 무언가를 즐기는 시간을 강조합니다. 그래서 It's still early evening! 이 아니라, **The night is still young!** 이라고 해야 자연스럽습니다.

조금 더 배워볼까요?

1　an early night는 평소보다 일찍 집에 가거나 일찍 자는 것을 의미해요. 피곤할 때나 특별한 일이 없을 때 자주 쓰이는 표현이죠.

I was pretty tired, so I had an early night. 좀 피곤해서 일찍 잤어요.

2　a late night는 늦게까지 밖에서 놀거나 일을 하느라 집에 늦게 들어가는 것을 의미합니다. 친구들과 어울리거나 일을 마무리할 때 사용하죠.

I had a late night. I was drinking with some old friends until 1 a.m.
오랜 친구들과 새벽 1시까지 술을 마시느라 집에 늦게 들어갔어요.

3　call it a night는 오늘의 일이나 모임을 마무리하자는 의미로, 직장에서 일을 끝내거나 사람들과 어울리는 자리를 마칠 때 자주 쓰입니다.

I think I'm going to call it a night.
오늘은 이만 가볼게요. / 오늘은 여기까지 해야겠어요.

4　pull an all-nighter는 밤새도록 무언가를 하는 것, 즉 밤샘을 의미합니다. 주로 시험 공부나 일을 해야 할 때 많이 쓰이지만, 파티를 즐기느라 밤을 새운 경우에도 사용할 수 있습니다.

We pulled an all-nighter and got home at 7 a.m.
밤새워 일하고 아침 7시에 집에 들어갔어요.

주의하세요!

evening은 해가 질 무렵부터 밤으로 넘어가는 저녁 시간을 가리키며, 조금 더 초기의 시간을 의미합니다. 반면에, night는 어둠이 완전히 내려앉은 밤 시간을 나타내죠. 이 때문에 영어에서 The night is still young.이라고 표현할 때는 밤이 본격적으로 시작되었다는 의미입니다. 만약 너무 이른 저녁 시간이라면, It's still early in the evening.이라고 말하는 것이 더 적절할 수 있습니다.

THE NIGHT
is still
young!

37

그건 예상 못했어요.

I COULDN'T SEE THAT COMING.

?

살다 보면 예상치 못한 상황을 겪기도 하죠.

저는 서울의 겨울이 캐나다 토론토보다 더 춥고

눈이 많이 오는 걸 경험했을 때 정말 놀랐어요. 이런 상황에서

한국어로는 보통 "그건 예상 못했어요"라고 말하죠.

그런데 많은 학생들이 이 표현을 영어로 말할 때

I couldn't see that coming.이라고 말하곤 해요.

하지만 이 표현은 사실 조금 어색하게 들려요.

왜 그럴까요? couldn't는 보통 **능력의 부재**나 어떤 일을

할 수 없었던 상황을 나타낼 때 쓰여요. 예를 들어,

I couldn't see that coming.이라고 하면, **예측할 능력이 없었다**는

의미가 강하게 전달돼요. 이 표현은 마치 내가 그 상황을

예측할 기회 자체가 없었거나, 예측할 능력이

전혀 없었다는 뉘앙스를 주기 때문에, 다소 극단적이거나

과한 느낌을 줄 수 있어요.

반면, 영어에서는 사건 자체가 예상 밖이었다는 점에 초점을

맞추죠. 그래서 I didn't see that coming.이라고

말하는 게 훨씬 자연스럽습니다. didn't는 단순히

그 일이 예상되지 않았다는 사실을 전달하죠.

이 표현은 영어권에서 매우 일상적이고 흔히 쓰이는 표현이에요.

비슷한 표현으로는 **I didn't expect that.** 또는

That was unexpected.를 사용할 수도 있어요. 이 표현들은

모두 어떤 일이 예상치 못하게 일어났다는 사실을

강조하기에 적합합니다.

결론적으로, 예상치 못한 상황을 영어로 표현할 때는

I didn't see that coming.을 사용하는 것이 가장 자연스럽고

일상적인 방법이에요!

주의하세요!

I didn't see that coming.과 I didn't expect that.은 과거에 이미 일어난 예상치 못한 사건을 표현할 때 사용돼요. 반면, 미래에 벌어질 놀라운 일이나 예측하기 어려운 상황을 말할 때는 won't see it coming 또는 won't expect it을 사용할 수 있어요. **특히 전략, 깜짝 놀라게 하는 상황, 또는 미래에 대한 예측과 관련된 맥락에서 자주 쓰이죠.**

예를 들어, Let's throw Jenny a surprise birthday party. She won't expect that!라고 하면 "제니에게 깜짝 생일 파티를 열어주자. 그녀는 전혀 예상하지 못할 거야"라는 의미가 돼요. 좀 더 진지한 상황에서도 You won't see it coming, but one day you'll get a serious health problem, and your whole world will change.라고 하면 "너는 전혀 예상하지 못하겠지만, 언젠가 심각한 건강 문제가 생기면 네 인생이 완전히 달라질 거야"라고 표현할 수 있어요. 이처럼 won't see it coming이나 won't expect that은 상대방이 미래의 어떤 상황을 전혀 예상하지 못한다는 점을 강조할 때 자연스럽게 사용할 수 있는 표현이에요.

I DIDN'T see *that* coming.

38

다음 주에 같이 점심 먹어요.

LET'S HAVE LUNCH NEXT WEEK.

?

많은 한국인 학생들이 영어로 제안을 할 때 Let's…라는 표현을 자주 사용해요. 예를 들어, 친구에게 Let's have coffee after work.라고 말하거나, Let's have a beer.라고 제안하는 경우처럼요.
이는 한국어에서 '~하자'라는 표현이 일상적으로
자주 쓰이기 때문이에요. 그래서 영어로도 비슷하게
Let's…를 사용하는 경향이 있어요.
하지만 영어에서 Let's…는 약간 다른 뉘앙스를 가지고 있어요.
이 표현은 상대방에게 협상의 여지를 주기보다는
다소 강제적이거나 직접적인 제안처럼 들릴 수 있어요. 예를 들어,
Let's go grab some coffee after work.라고 하면
듣는 사람 입장에서는 거절하기 어려운 압박감을 느낄 수도
있어요. 한국어에서도 "커피 마실래요?"와 "커피 마시러 가요!"가
주는 어감이 다르듯, 영어에서도 이런 미묘한 차이가 있어요.
이런 경우, 더 부드럽고 자연스러운 표현으로 We should…를
사용할 수 있어요. We should…는 **상대방이 부담 없이 받아들일 수**
있는 제안으로, **선택의 여지를 남겨주는 표현**이에요. 예를 들어,
We should go grab some coffee after work.라고 하면 상대방에게
부담을 주지 않으면서도 제안의 의도를 충분히 전달할 수 있어요.
또 다른 예로, We should have lunch next week.라고 말하면
상대방이 동의하거나 다른 의견을 낼 여유를 느끼게 돼요.
이처럼 상황에 따라 Let's…와 We should…를 적절히 구분해서
사용하면, 제안이 훨씬 더 자연스럽고 부드럽게 들려서
영어 대화에서 훨씬 더 세련된 인상을 남길 수 있어요.

조금 더 배워볼까요?

제안을 할 때 We should…와 함께 자주 쓰이는 표현이 We have to…예요.
그런데 이 두 표현은 사용되는 상황과 전달하는 느낌에서 차이가 있어요. We should…는 상대방에게 **부담 없이 부드럽게 제안**할 때 사용하는 표현이에요. 반면에, We have to…는 **좀 더 강한 의무감이나 적극적인 제안**을 나타낼 때 쓰는

표현이에요. 누군가와 꼭 만나고 싶거나, 함께 뭔가를 하고 싶을 때 사용하는 표현이죠.

예를 들어, We should get together for drinks next month.(우리 다음 달에 술 한잔하자)라는 표현은 상대방에게 선택의 여지를 주며 가볍게 제안할 때 사용하는 말이에요. 하지만, We have to go to the new shopping mall.(새로 생긴 쇼핑몰에 가 보자)이라고 하면, 그 제안이 좀 더 강하게 느껴져서 상대방이 거절하기 어렵다고 느낄 수 있어요.

주의하세요!

We should have lunch sometime.(언제 같이 점심을 먹어요)이라는 표현은 원어민 입장에서 실제 약속을 잡기보다는 **대화를 마무리하는 의례적인 인사**로 받아들여질 때가 많아요. 한국어에서 "언제 밥 한번 먹자"라는 말이 가볍게 인사로 쓰이는 것과 비슷해요. 특히 sometime이라는 단어는 구체적인 시간 약속보다는 막연한 제안을 암시하기 때문에, 의례적으로 하는 말이라 여겨지죠.

만약 상대방을 진심으로 초대하고 싶다면, soon(곧), next week(다음 주), in August(8월 중에)처럼 **구체적인 시간을 덧붙이는 것이 훨씬 효과적**이에요. 이렇게 하면 상대방이 실제로 약속을 잡고 싶어 한다는 느낌을 받을 수 있어요.

예를 들어, We should have lunch soon.(곧 점심 같이 해요)라고 말하면 훨씬 더 진정성 있고 실제적인 제안으로 들려요. 여기에 What's your number?(전화번호가 어떻게 되시죠?)라는 문장을 덧붙이면, 자연스럽게 진짜 약속으로 이어질 가능성이 높아져요.

We **should** have lunch *next week.*

39

시도해 볼 가치가 있어요.

IT HAS VALUE TO TRY.

?

126

한번은 제 한국인 학생이 "시도해 볼 가치가 있어요"를

영어로 번역하면서 It has value to try.라고 말한 적이 있어요.

이 표현은 **'가치'를 value로 직역**한 건데, 이렇게 말하면

약간 부자연스럽게 들려요. 왜 그럴까요?

우선, value는 **물질적이거나 금전적인 가치**를 나타낼 때 주로

사용돼요. 예를 들어, The value of this painting is $1,000.

(이 그림의 가치는 1,000달러입니다)처럼, 구체적인 금전적 가치를 말할 때

적합하죠. 그래서 It has value to try.라고 하면,

시도하는 것이 금전적인 가치가 있다는 의미로

오해받을 수 있어요. 하지만 여기서 우리가 말하고 싶은 건,

시도하는 것이 의미가 있고 가치 있는 행동이라는 점이죠.

반면에, worth는 더 폭넓게 사용되며, **금전적 가치뿐만 아니라**

시간, 노력, 경험의 가치를 의미할 때도 사용돼요.

그래서 It's worth a try.라고 하면, '그 일은 시도할 만한

충분한 가치가 있다'란 의미가 자연스럽게 전달되는 거예요.

It's worth a try. 외에도 It's worth a shot.이나 Why not? 같은

표현도 자주 사용되는데, 이들은 큰 위험 없이 무언가를 시도할

만한 가치가 있을 때 사용하는 표현들이에요. 다음에 무언가

시도해 볼 만한 가치가 있다고 말하고 싶을 때는, It's worth a try.

라고 한 번 써보세요. 훨씬 더 자연스럽게 들릴 거예요!

주의하세요!

worth는 형용사임에도 불구하고, 특이하게도 **뒤에 명사를 목적어로 쓸 수 있**
는 형용사입니다. 일반적으로 형용사는 명사를 수식하거나 보어로 쓰이는 반면,
worth는 가치를 표현할 때 그 가치를 나타내는 명사를 바로 뒤에 취할 수 있어요.
예를 들어, It's worth a try.나 The book is worth the price.에서 worth는
명사 a try와 the price를 목적어로 사용합니다.

It's
worth
a try.

40

음식이 너무 매워요.

IT IS
TOO MUCH
SPICY.

?

외국인과 스몰 토크를 할 때 한국 음식이 입에 맞는지,

혹은 너무 맵지 않은지 물어보는 경우가 많아요. 그런데 이를

Isn't it too much spicy?라 묻는다면 약간 어색하게 들려요.

왜 그럴까요? too much는 보통 **명사 앞에서 양을 나타낼 때**

사용되는 표현이기 때문이에요. 그래서 I ate too much food.

(음식을 너무 많이 먹었어)라는 문장은 자연스럽지만, 형용사 앞에

too much를 사용하면 부자연스러워요.

형용사를 강조할 때는 too만 사용하는 것이 맞습니다.

예를 들어, Isn't it too spicy?(너무 맵지 않아요?)처럼 말해야

올바른 표현이에요.

too는 형용사나 부사 앞에서 정도를 강조할 때 사용하는

반면, too much는 명사와 함께 양이 과하다는 의미를

나타낼 때 사용해요.

비슷한 예로, so much도 명사나 동사 앞에서 양이나 정도를

강조할 때 쓰여요. 예를 들어, I saved so much time.

(시간을 많이 절약했어요)라는 문장은 자연스럽지만, 형용사 앞에

so much를 쓰면 어색해져요. 형용사나 부사를 강조할 때는

so를 사용하는 것이 맞아요. 예를 들어,

This soup is so spicy but I love it.(이 수프는 굉장히 맵지만, 정말 맛있어요)

처럼 말하면 자연스럽고 매끄럽게 들려요.

1 **too much는 명사 앞에서 사용해 양이 과하다는 것을 강조합니다.**
   I ate too much food. 음식을 너무 많이 먹었어.

2 **too는 형용사나 부사 앞에서 사용해 정도가 지나침을 나타냅니다.**
   Isn't it too spicy? 너무 맵지 않아요?

3   so much는 명사나 동사 앞에서 사용해 양이나 정도를 강조합니다.

I saved so much time. 시간을 많이 절약했어요.

I miss you so much. 정말 많이 보고 싶어요.

4   so는 형용사나 부사 앞에서 사용해 정도를 강조합니다.

This soup is so spicy but I love it.
이 수프는 굉장히 맵지만, 정말 맛있어요.

이처럼 too much와 so much는 명사와 함께, too와 so는 형용사나 부사와 함께 사용해야 문장이 자연스럽고 정확하게 들려요. 다음에 한국 음식에 대해 외국인과 이야기할 때는 Isn't it too spicy?처럼 올바른 표현을 사용해 보세요. 상대방과의 대화가 한층 더 매끄럽고 즐겁게 이어질 거예요!

조금 더 배워볼까요?

'너무 매워!', '너무 빨라!', '너무 추워!'처럼 형용사나 부사의 의미를 더 강하게 강조하고 싶을 때는 much too나 way too를 사용하면 좋아요. much too는 정말 과하다는 느낌을 주며, **진지하고 격식 있는 상황**에서 자주 사용돼요. 예를 들어, The meeting was much too long.(회의가 너무 길었어요)처럼 사용하면 회의가 지나치게 길었다는 진지한 어감을 전달할 수 있어요. 또 다른 예로, This decision is much too important to rush.(이 결정은 너무 중요해서 서두를 수 없어요)처럼 중요한 결정을 강조할 때도 적합해요.

반면, way too는 더 캐주얼하고 친근한 느낌으로, **일상적인 대화**에서 많이 사용돼요. 예를 들어, It's way too expensive.(정말 너무 비싸요)라고 말하면, 무언가가 지나치게 비싸다는 걸 자연스럽고 가볍게 표현할 수 있어요. 또 다른 예로, It's way too hot.(정말 너무 더워요)이라고 하면, 덥다는 불평을 좀 더 캐주얼하게 전달할 수 있어요.

주의하세요!

too much와 so much는 기본 형용사 앞에서는 사용할 수 없지만, **비교 형용사 앞에서는 사용**할 수 있어요. 영어를 배울 때 헷갈리기 쉬운 부분인데요, 간단한 예시를 통해 이해해 보세요.

예를 들어, I can't wait too much long.(너무 오래는 기다릴 수 없다)이라는 문장은 어색해요. 여기서 too much는 형용사 long 앞에 쓸 수 없기 때문이에요. 대신, **비교 형용사인 longer와 함께 사용**하면 자연스럽게 들려요. 그래서 올바른 표현은 I can't wait too much longer.(너무 오래는 기다릴 수 없어요)가 돼요.

비슷하게, Your English is so much good. 너의 영어 실력이 정말 많이 좋아라는 문장도 어색해요. so much는 형용사 good 앞에 사용할 수 없기 때문이에요. 하지만 good을 비교급 better로 바꾸면 더 자연스럽게 들려요. 올바른 문장은 Your English is so much better than before. 너의 영어 실력이 전보다 훨씬 더 좋아졌어가 돼요.

이처럼 too much와 so much가 기본 형용사나 부사 앞에서는 사용되지 않고, 비교 형용사나 비교 부사 앞에서만 사용되는 이유는 much가 **변화의 양이나 정도를 강조하는 데 쓰이기 때문**이에요. 예를 들어, It's much hotter today.에서 hotter는 단순히 뜨겁다는 상태를 넘어, 더 뜨겁다는 변화를 설명하기 때문에 much를 사용해 변화의 양을 강조할 수 있어요.

It is too spicy.

41

이 딸기는 상했습니다.

THESE STRAWBERRIES ARE SPOILED.

?

한국인 친구와 함께 식료품점에 갔을 때의 일이에요.

친구가 딸기를 고르더니 갑자기 These strawberries are spoiled.
(이 딸기 상했어)라고 말하는 거예요. 저는 순간,

'음… 뭔가 어색한데?'라고 생각했죠. 왜냐하면 딸기 같은
과일에는 spoiled라는 말을 잘 안 쓰거든요!

나중에 생각해보니, 친구가 한국어에서 흔히 쓰는 '상하다'를
영어로 번역하면서 spoiled라고 한 것이었어요.

하지만 영어에서는 음식을 표현할 때, 상한 정도나
종류에 따라 다른 표현을 써요.

spoiled는 **주로 유제품이나 고기 같은 음식**에 사용돼요.
예를 들어, 우유가 상했을 때는 The milk is spoiled.(이 우유 상했어)
라고 말하는 게 맞아요. 하지만 딸기 같은 과일에는 spoiled 대신
rotten이나 gone bad라는 표현을 쓰는 게 더 자연스러워요.

딸기가 썩어가는 모습을 떠올리면, These strawberries are rotten.
(이 딸기 썩었어)이라고 말하는 게 딱이죠!

사실, **gone bad는 정말 만능 표현**이에요. 음식이 상했을 때
딱히 어떤 단어를 써야 할지 헷갈린다면, 그냥 gone bad를 쓰면
돼요. 딸기든, 우유든, 고기든, 빵이든 다 통합니다! 그래서
These strawberries have gone bad.(이 딸기 상했어)라고 말하면,
과일이 신선하지 않다는 걸 아주 자연스럽게 표현할 수 있죠.

그런데 빵 이야기가 나와서 하는 말인데, 영어에서는
빵이 상했을 때도 다른 표현을 씁니다. 딸기처럼 rotten이나
gone bad라고 하지 않고, 대신 stale이라는 단어를 사용하죠.
stale은 빵이 오래돼서 말랐거나 맛이 변했을 때 딱 맞는 표현이에요.
예를 들어, This bread is stale.(이 빵 오래됐어)이라고 하면
빵이 신선하지 않다는 뜻이 자연스럽게 전달됩니다.

stale은 빵뿐만 아니라 시리얼이나 쿠키 같은 곡물 제품에도
쓰입니다. 시리얼이 눅눅하거나 쿠키가 바삭함을 잃었을 때도
These cookies are stale. (이 쿠키 오래됐어)이라고 말할 수 있어요.
결론적으로, 딸기가 상했을 때 자연스러운 표현은
These strawberries have gone bad. 또는
These strawberries are rotten. 이에요. 그리고 어떤 음식이든
gone bad를 쓰면 실수할 일이 없겠죠!

주의하세요!

spoiled는 음식뿐만 아니라 성품과 관련해서도 자주 사용되는 표현이에요. 예
를 들어, Ben is a little spoiled. He gets whatever he wants.(벤은 좀
spoiled 상태야. 원하는 걸 다 받거든.)처럼 말할 수 있죠. 이때 spoiled는 누군가가
항상 원하는 것을 쉽게 얻고, 노력하지 않아도 모든 걸 받는 상태를 묘사합니다. 이
런 사람들은 남에게 더 많은 것을 요구하거나, 다른 사람들이 당연히 자신을 위해
무언가를 해줄 것이라고 기대하게 될 수 있어요. 결국, spoiled는 사람들이 감사
함 없이 모든 걸 쉽게 얻는 데 익숙해져, 자신이 가진 것의 소중함을 덜 느끼게 되
는 상태를 말합니다.

These strawberries
have
gone bad.

네이티브가 듣고 바로 알아챌 영어 실수들

42

한 가지 장점은…

ONE GOOD POINT IS...

요즘 재택이나 원격 근무가 늘면서 온라인 수업을 선호하는
분들도 많아졌어요. 온라인 수업의 장점을 물어보면
가장 흔히 나오는 답변이 바로 이거예요. One good point is that
I can wear my pajamas. I don't have to dress up.
(한 가지 장점은 잠옷을 입고 있어도 된다는 점이에요. 차려입을 필요가 없어요.)
물론, 편한 옷을 입고 수업에 참여할 수 있다는 건 온라인 수업의
매력적인 장점임에 틀림없죠. 하지만 여기서
good point라는 표현은 원어민에게는 다소 어색하게 들려요.
good point는 보통 누군가가 **논리적이거나 통찰력 있는 의견을**
제시했을 때, '좋은 지적이에요'라는 의미로
You make a good point.라고 주로 사용되거든요. 이렇게
의견이나 주장을 긍정할 때 사용되기 때문에,
상황을 설명하면서 장점을 이야기할 때는 약간 어울리지 않아요.
이 경우에는 **One good thing is…나 One benefit is…, One**
advantage is… 같은 표현이 훨씬 자연스럽습니다. 이 표현들은
특정 상황에서의 장점이나 이점을 이야기할 때 흔히 쓰여요.
예를 들어, One good thing is that you can take classes in your
pajamas.라고 하면, 잠옷을 입고도 수업을 들을 수 있다는 점을
장점으로 자연스럽게 전달할 수 있죠.
한편, good points와 bad points라는 표현이 어울리는 경우도
있어요. 예를 들어, 누군가의 성격에 대해 편하게 이야기할 때는
good points와 bad points를 사용하는 것이 자연스러워요.
이 표현들은 strengths와 weaknesses와 비슷한 의미지만,
strengths와 weaknesses는 보통 공식적인 상황, 예를 들어
면접이나 자기소개에서 더 자주 사용됩니다. 반면, good points와
bad points는 친구끼리 성격이나 특징을 편하게 이야기할 때
쓰기 좋아요. 예를 들어, What are his good and bad points?라고
묻는다면 상대방의 장단점을 가볍게 묻는 뉘앙스가 됩니다.

정리하자면, 온라인 수업의 장점이나 특정 상황의 이점을 설명할 때는 one good thing, one benefit, one advantage 같은 표현이 자연스럽고, 사람의 성격을 가볍게 이야기할 때는 good points와 bad points를 사용하면 적절해요. 이렇게 상황에 맞는 표현을 쓰면 훨씬 자연스럽고 의도가 잘 전달된답니다.

주의하세요!

좋은 점을 하나만 말할 때는 one good thing 대신 the good thing을 사용하는 것이 더 자연스러워요. one은 여러 가지 중 하나를 지칭할 때 쓰이기 때문에, 장점이 여러 개일 때 적합합니다. 반면, the는 **특정한 하나의 장점에 집중할 때 사용**됩니다. 예를 들어, 어떤 일이 발생했을 때 거기서 얻을 수 있는 단 하나의 긍정적인 점을 강조하고자 한다면 the good thing이라고 표현하는 게 더 자연스럽죠. 예시를 통해 이해해 볼게요. My meeting got canceled, but the good thing is that I had extra time to finish my work.(회의가 취소되었지만, 좋은 점은 작업을 마칠 시간이 생겼다는 것입니다.) 여기서는 특정한 하나의 긍정적인 점, 즉 '작업을 마칠 시간이 생겼다'는 점에 집중하고 있기 때문에 the good thing이 자연스러워요.

ONE GOOD THING *is that you can* **take classes** in your pajamas.

43

해변에 갈 때 선크림 바르는 거
잊지 마.

DON'T FORGET TO WEAR SUNCREAM AT THE BEACH.

?

한국 사람들은 건강과 미용에 대한 관심이 정말 높아요. 저도 한국에서 생활하면서 스킨케어에 대해 많이 배웠는데, 특히 제품 이름들이 참 흥미로웠어요. 그중 하나가 바로 '에센스'였습니다. 처음에 essence라는 단어가 영어로는 **향수나 농축액**을 뜻하니까, 피부에 바르는 제품이라고는 전혀 생각하지 못했죠. 사실 한국에서 말하는 '에센스'는 영어로 **serum**이라고 부릅니다. serum은 **농축된 피부 개선 제품**을 의미하는데요, 외국에서는 스킨케어 제품을 이야기할 때 보통 I bought a new serum for my skin.이라고 말합니다. 물론 특정 기능을 강조하고 싶다면 hydrating serum (피부에 수분을 공급해주는 세럼)이나 brightening serum (피부를 환하게 만들어주는 세럼)처럼 구체적으로 표현할 수도 있지만, 대체로 영어에서는 serum 하나로 간단히 해결되죠.

또 헷갈렸던 단어가 바로 '린스'입니다. 한국에서는 샴푸 후 사용하는 제품을 '린스'라고 부르지만, 실제 영어에서는 **conditioner**라고 합니다. 영어에서 rinse는 그저 '물로 가볍게 헹구다'라는 뜻의 동사일 뿐입니다. 샴푸 후에 머리를 헹굴 때 rinse your hair라고 표현하죠. 요리하기 전에도 rinse the fruits and vegetables이라고 해서 재료를 깨끗이 씻고, 식사 후에는 접시에 남은 음식물을 rinse the dishes라고 씻어냅니다. 또한, 양치할 때는 rinse your mouth라고 하죠. 이렇게 rinse는 **물로 무언가를 씻어내는 동사**로 주로 사용됩니다. 마지막으로, **선크림** 이야기를 해볼까요? 이건 좀 더 직관적으로 이해할 수 있었지만, 사실 영어에서는 cream이라는 표현을 잘 쓰지 않고, 대신 **sunscreen**이나 **sunblock**이라는 **단어**를 많이 씁니다. 두 단어에도 약간의 차이가 있는데, sunscreen은

자외선을 흡수한 후 분해해 피부 손상을 막고, sunblock은
자외선을 물리적으로 차단하는 역할을 합니다.
이제 친구에게 자연스럽게 Did you put on sunscreen?이라고
물어볼 수 있겠죠?

This serum helps to hydrate and brighten the skin.
이 에센스는 피부에 수분을 공급하고 밝게 해주는 데 도움이 돼.

Don't forget to use conditioner after shampooing.
샴푸 후에 컨디셔너 사용하는 거 잊지 마.

Make sure to put on sunscreen before going outside.
밖에 나가기 전에 꼭 선크림을 발라.

주의하세요!

rinse는 기본적으로 '물로 헹구다'라는 의미를 가진 동사인데, 상황에 따라 rinse
out과 rinse off로 구분해서 사용해요. rinse out은 **물이나 다른 물질이 안으로
스며들 수 있는 것을 헹굴 때** 사용돼요. 예를 들어, 머리카락, 그릇, 컵처럼 내부에
무언가가 들어갈 수 있는 경우 rinse out을 써요. 샴푸, 모래, 먼지 등이 머리카락
속에 남아 있을 수 있는 것처럼, 소스는 그릇 안에, 커피는 컵 안에 남아 있을 수 있
죠. 이런 경우 rinse out을 사용하면 돼요. Rinse out the conditioner after
applying it to your hair.(머리에 컨디셔너를 바른 후 물로 헹궈내세요)
반면에, rinse off는 **물이 표면에만 닿는 것을 헹구는 경우**에 사용해요. 예를 들어,
손을 씻은 후 비누 거품을 물로 씻어낼 때나 접시를 헹굴 때 rinse off라는 표현을
써요. Rinse off the soap after washing your hands.(손을 씻은 후 비누를
물로 헹구세요) 이렇게 Rinse out은 물이 깊숙이 스며드는 대상에 쓰이고, rinse
off는 표면을 씻어내는 상황에서 쓰인다는 점을 기억하세요!

 Don't forget
to wear sunblock
at the beach.

44

나는 헬스장에 가는 중이야.

I'M GOING TO THE HEALTH CLUB.

한국에서 널리 쓰이는 콩글리시 중에 정말 재미있는 것 중 하나가
바로 '헬스장'이라는 표현이에요. 아마 '헬스'가 건강을 뜻하는
단어니까 영어에서도 통하지 않을까? 하고 생각할 수 있는데,
원어민들에게는 조금 어색하게 들릴 수 있어요. 영어에서는
보통 **gym이라는 표현**을 더 많이 써요. 물론 health club이나
fitness center 같은 표현도 있지만, I'm going to the gym.
(나는 헬스장에 가고 있어)이라고 하면 훨씬 자연스럽게 들려요.
자주 쓰는 표현이니까 더 자연스럽게 사용하면 좋겠죠?
그리고 한국에서는 퍼스널 트레이너를 PT라고 부르지만
영어에서는 조금 다른 의미로 쓰여요. PT는 주로
physical therapy (물리치료)나 physical therapist (물리치료사)를 뜻해요.
그래서 I have PT today.라고 하면 운동이 아니라
물리치료를 받으러 간다는 의미가 돼요. 운동과 관련해서는
그냥 personal trainer라고 부르는 게 더 정확해요.
이런 차이점을 알고 사용하면 더 매끄럽겠죠.
또 한 가지 재미있는 표현이 '바디 프로필'이에요. 요즘 많이
사용하는 말인데, 영어에서는 body profile 대신 **fitness
photoshoot나 fitness photography라는 표현**이 더
일반적이에요. I'm getting a body profile.이라고 하면
외국인들에게는 조금 생소하게 느껴질 수 있어요. 차라리
I'm doing a fitness photoshoot.이라고 하면 더 자연스럽고
이해하기 쉬울 거예요. 어렵지 않죠?
이런 표현의 차이를 알아두면 영어를 사용할 때
더 자연스럽고 편안한 대화를 나눌 수 있을 거예요.

I'm going to the gym. 나는 헬스장에 가는 중이야.
I'm working with a personal trainer to improve my fitness.
나는 체력을 키우기 위해 퍼스널 트레이너와 함께 운동하고 있어.
I'm doing a fitness photoshoot. 나는 피트니스 사진 촬영을 하고 있어.

주의하세요!

gym에는 두 가지 주요 의미가 있어요. 첫 번째는 우리가 흔히 아는 **'헬스장'이나 '피트니스 센터'**를 뜻하는데, 사람들이 체력을 키우거나 건강을 유지하기 위해 운동하는 장소를 말하죠. 일상 대화에서는 보통 I'm going to the gym.처럼 gym을 사용해요. 예를 들어, I go to the gym three times a week to stay fit.는 '나는 건강을 유지하기 위해 일주일에 세 번 헬스장에 가.'라는 뜻이에요.

두 번째로 gym은 **학교에서 사용하는 표현으로, gymnasium의 줄임말**이에요. 이 경우에는 학생들이 체육 수업을 하거나 학교 행사 등을 여는 큰 체육관을 뜻합니다. 예를 들어, We have a basketball game in the school gym today.라는 문장은 '오늘 우리 학교 체육관에서 농구 경기가 있어'라는 뜻이에요. 학교에서는 이처럼 **체육관을 gym이라고 부르며, 주로 큰 실내 공간**을 의미해요.

I go to the **gym**
three times a week
to stay fit.

45

어쩔 수 없어요.

IT CAN'T BE HELPED.

?

한국어에서 자주 쓰는 표현을 영어로 번역할 때 흥미로운
상황이 생기곤 합니다. 한번은 수업 중에 한 학생이
"어쩔 수 없어요"라는 말을 It can't be helped.라고 번역한 걸
들었어요. 이 표현도 문법적으로는 맞지만,
사실 요즘 영어 원어민들은 잘 사용하지 않는 말입니다.
그래서 저는 그 학생에게 It is what it is.(그냥 그런 거야)라는
더 자연스러운 표현을 소개해줬죠.

영어에서는 **It is what it is., What can you do?, 그리고**
프랑스어에서 유래한 C'est la vie.[쎄 라 비](그게 인생이야) 같은 표현
들이 '어쩔 수 없어요'와 비슷한 의미를 전달해요.

이 세 가지 표현은 **모두 상황을 받아들이고, 깊이 고민하지 않는 태도**
를 담고 있어요. 그런데 재미있는 건, 각각의 표현이
조금씩 뉘앙스가 다르다는 점이죠.

It is what it is.는 **가장 캐주얼하고 중립적인** 표현이에요.
문제가 있어도 깊이 고민하지 않고 그저 받아들이는 느낌이죠.
예를 들어, The project deadline got moved up. It is what it is.
(프로젝트 마감일이 앞당겨졌어. 그냥 그런 거야.)처럼 말할 수 있어요.

What can you do? 이 표현은 **가벼운 유머가 섞인 수사적인 질문**
이에요. 걱정할 필요가 없다는 뉘앙스를 전달해요.
예를 들어, They canceled the concert due to rain. What can
you do?(비 때문에 콘서트가 취소됐어. 어쩔 수 없지?)라고 할 수 있어요.
여기선 약간 체념하면서도 유머러스한 톤이 느껴지죠.

마지막으로, C'est la vie.[쎄 라 비]는 **조금 더 철학적인**
표현이에요. 인생의 불완전함을 받아들이는 태도를 담고 있죠.
예를 들어, I didn't get the promotion, but c'est la vie.
(승진하지 못했지만, 그게 인생이지)처럼 말할 수 있어요.
이 표현은 단순한 체념보다는 더 큰 그림을 보는 느낌을 줍니다.

이렇게 상황에 따라 다른 표현을 골라 쓸 수 있어요.
It can't be helped. 대신 더 자연스럽고 자주 쓰이는
It is what it is., What can you do?,
혹은 C'est la vie.[쎄 라 비]를 사용해보세요.
외국인과의 대화에서 훨씬 더 자연스럽게 들릴 거예요!

주의하세요!

영어권에서는 프랑스어에서 유래한 표현들을 종종 사용하는데, 그 중에는 c'est la vie.[쎄 라 비]처럼 잘 알려진 것 외에도 다양한 표현들이 있어요. 예를 들어, **déjà vu[데자뷔]**라는 표현은 많은 사람들이 익숙할 거예요. 이는 어떤 상황이 이전에 본 것처럼 느껴질 때 쓰는 말로, 한국어로는 '**기시감**'에 가까워요. I'm getting déjà vu—haven't we had this conversation before?(기시감이 드는데, 우리 이 대화를 전에 한 적 있지 않나요?)처럼 대화에서 자연스럽게 사용되죠.

또 하나 자주 들을 수 있는 표현은 **bon appétit[봉 아뻬띠]**예요. 식사를 시작하기 전, "**맛있게 드세요**"라는 의미로 사용되는데, 특히 격식 있는 자리에서나 음식을 소개할 때 흔히 쓰여요. 예를 들어, Here's your meal. Bon appétit!(여기 음식 나왔습니다. 맛있게 드세요!)라고 하면 프랑스어 특유의 분위기를 더할 수 있어요.

마지막으로, **voilà[브왈라]**라는 표현도 일상에서 꽤 자주 들을 수 있어요. 이는 "자, 보세요" 또는 "여기 있어요"라는 뜻으로, 어떤 결과를 보여주거나 무언가를 강조할 때 사용돼요. 예를 들어, Just add a little salt, and voilà! The dish is perfect.(소금을 조금만 더하면, 자! 요리가 완벽해졌어요.)라고 하면 요리의 완성을 드라마틱하게 표현할 수 있죠.

It is **what it is.**

46

그건 아니에요.

THAT'S NOT IT.

수업 중에 제가 자주 듣는 한국어 표현 중 하나가 "그건 아니에요"예요.

이 표현은 특히 누군가와 의견이 다르거나, 어떤 사실이 틀렸다고

부드럽게 말하고 싶을 때 자주 사용되죠. 그런데 이 표현을 영어로 말할 때

종종 That's not it.이라고 하는 경우를 보게 돼요. 물론 이 표현도

자연스러울 때가 있지만, 모든 상황에서 적합한 건 아니에요.

상황에 따라 That's not quite right., That's not true., 또는

That's not the case. 같은 표현들이 더 적절할 수 있어요.

먼저, That's not quite right.은 상대방의 말이 **부분적으로 맞지만**

완전히 정확하지 않을 때 사용하는 표현이에요. 부드럽게 정정하거나

수정할 때 적합하죠. 예를 들어, 누군가가

"회의가 오전 10시에 시작한다고 했죠?"라고 물었을 때, 실제 시간이

10시 30분이라면 That's not quite right. It actually starts at 10:30.

(그건 맞지 않아요. 정확히는 10시 30분에 시작해요.)라고 답할 수 있어요.

이렇게 말하면 상대방의 말을 완전히 부정하지는 않으면서도

정확한 정보를 전달할 수 있어요.

다음으로, That's not true.는 **명백히 사실이 아닐 때** 사용하는 표현이에요.

잘못된 정보나 오해를 바로잡고 싶을 때 적합하죠. 예를 들어, 누군가가

"프로젝트를 제시간에 끝내지 못했다고 들었어요"라고 말했다면,

That's not true. I submitted it a day early. (그건 사실이 아니에요. 하루 일찍 제출했어요.)

라고 답할 수 있어요. 이 표현은 단호하게 사실이 아님을

알리면서도 간결하게 상황을 정리해 주죠.

That's not the case.는 특정 상황이 사실과 다르다는 점을 강조할 때

유용해요. 상황에 대한 오해를 풀거나 추가적인 설명이 필요할 때

자주 쓰이는 표현이에요. 예를 들어, 누군가가

"온라인 강의를 듣지 않은 이유가 관심이 없어서인가요?"라고 물었다면,

That's not the case. I had technical issues that day.

(그건 사실과 달라요. 그날 기술적인 문제가 있었어요.)라고 답할 수 있어요. 이 표현은

상대방의 추측이 잘못되었음을 부드럽게 정정해주는 데 효과적이에요.

그렇다면 That's not it.은 언제 사용할까요? 이 표현은 누군가 **이유를 잘못 짚었거나, 무엇인가를 찾는 상황에서 간단히 부정할 때** 적합해요. 예를 들어, "내가 아까 한 말 때문에 화난 거야?"라고 물었을 때, No, that's not it. I'm just tired today. (아뇨, 그건 아니에요. 그냥 오늘 피곤해요.)라고 답하면 자연스러워요. 이 표현은 짧고 직관적으로 대답할 때 아주 유용해요. 또 다른 상황으로, 함께 갔던 식당을 찾는 상황에서 "여기가 우리가 지난주에 갔던 식당인가요?"라고 물었다면, No, that's not it. It was further down the street. (아뇨, 거기 아니에요. 더 아래쪽에 있었어요.)라고 대답할 수 있어요.

이렇게, That's not quite right., That's not true., That's not the case., 그리고 That's not it.은 각각 다른 상황에서 적절하게 사용할 수 있는 표현들이에요. 이 표현들을 상황에 맞게 잘 활용하면 영어로 대화할 때 더 자연스럽고 세련된 느낌을 줄 수 있을 거예요.

주의하세요!

That's not it.은 간단하고 직관적인 표현으로, 캐주얼한 대화에서 자주 사용돼요. 친구나 가족처럼 격식을 차리지 않아도 되는 상대와 대화할 때 특히 유용하죠. 예를 들어, Are you upset because of the meeting earlier?(아까 그 회의 때문에 화난 거야?)라는 질문을 받았다면, No, that's not it. I just have a lot on my mind today.(아뇨, 그건 아니에요. 그냥 오늘 고민이 많아요.)라고 간단히 답할 수 있어요.

하지만, That's not it.은 **공식적인 자리에서는 다소 가벼운 느낌**을 줄 수 있어요. 예를 들어, 회사에서 프레젠테이션 중에 누군가 잘못된 정보를 말했을 때, That's not it.이라고 대답하면 다소 비공식적이고 부족한 느낌이 들 수 있어요. 대신, That's not correct.(그건 정확하지 않아요)처럼 **더 격식 있는 표현을 사용**하는 것이 좋아요. 예를 들어, I assume the project deadline is next Monday, correct?(프로젝트 마감일이 다음 주 월요일 맞죠?)라는 질문에 That's not correct. The deadline is actually Wednesday.(그건 정확하지 않아요. 실제 마감일은 수요일이에요.)라고 답하면, 단정적이고 전문적인 인상을 줄 수 있어요.

That's not QUITE right.

47

지금은 그럴 기분이 아니에요.

I DON'T HAVE THAT FEELING RIGHT NOW.

?

점심을 먹고 나서 학생들에게 Shall we go for a walk
in the park?(우리 공원에 산책 갈까?)라고 물어본 적이 있어요.
그러자 한 학생이 I don't have that feeling right now.
라고 대답하더라고요.
순간, '아, 한국어를 그대로 옮겼구나!'라는 생각이 들었어요.
영어에서 feeling이라는 단어는 감정을 표현할 때
종종 사용되지만, 이렇게 말하면 원어민에게는
약간 어색하게 들릴 수 있어요. 한국어에서는 '기분'이라는
표현을 자주 쓰지만, 영어에서는 이럴 때 **mood를 사용**하는 것이
훨씬 자연스러워요. 예를 들어, 제가
Shall we go for a walk?라고 물었을 때, 학생이
I'm not really in the mood.(지금 별로 기분이 안 나요)라고 대답했다면,
훨씬 더 일상적이고 자연스러운 표현이 되었을 거예요.
또한, 자신의 의사를 좀 더 직접적으로 표현하고 싶다면
feeling 대신 feel like라는 표현을 활용할 수 있어요.
예를 들어, I don't feel like it.(그렇게 하고 싶지 않아요)이라고 말하면
짧고 간결하게 자신의 의사를 전달할 수 있어요.
혹은 조금 더 부드럽게 표현하고 싶다면, I'm not feeling up to it
right now.(지금은 좀 그럴 기분이 아니야)라고 말할 수도 있어요.
이 표현은 상대방에게 부담을 주지 않으면서도
자신의 상태를 자연스럽게 설명할 수 있답니다.
이렇게 mood나 feel like 같은 표현을 상황에 맞게 활용하면,
감정을 좀 더 자연스럽고 세련되게 전달할 수 있어요.

I'm not really in the mood. 지금 별로 기분이 안 나요.
I don't feel like it. 그렇게 하고 싶지 않아요.
I'm not feeling up to it right now. 지금 그럴 기분이 아니에요.

주의하세요!

feel은 우리가 현재 느끼는 **감정이나 몸 상태**를 표현할 때 사용해요. 예를 들어, I'm feeling tired.라고 하면 '나 피곤해'라는 뜻으로, 지금 내가 피곤하다는 상태를 말하는 거죠. 또 I'm feeling happy.라고 하면 지금 행복한 상태라는 의미가 돼요. 이처럼 feel은 내가 어떤 상태에 있는지를 표현할 때 자주 사용돼요.

반면, feel like는 내가 **무엇을 하고 싶은지를 말할 때** 써요. 예를 들어, I feel like going for a walk.라고 하면 '산책하고 싶어'라는 뜻으로, 이 표현은 내가 현재 산책을 하고 싶은 마음을 표현하는 거죠. 중요한 것은, feel과 달리 feel like는 내가 하고 싶은 행동을 나타내는 거예요.

I'm not ***really*** **in the mood.**

48

막 하려고 했어요.

I WAS ABOUT TO DO.

수업 중에 학생들에게 과제 제출에 대해 물어봤어요.

제가 한 학생에게 Did you finish your homework?(과제 끝냈나요?)

이라고 물으니, 학생이 이렇게 대답했어요. I was about to do.

순간, 머릿속에 경고등이 켜졌습니다. 뭔가 빠진 느낌이었거든요.

한국어에서는 "막 하려고 했어요"처럼 동작을 명확히

말하지 않아도 맥락을 통해 상대방이 이해할 수 있어요.

하지만 영어에서는 이 방식이 통하지 않아요.

영어에서 do 같은 동사를 사용할 때는 반드시 it 같은

목적어나 더 구체적인 맥락이 필요해요. 학생이 말한 I was about to

do.만으로는 듣는 사람 입장에서 '뭘 하려고 했다는 거지?'라는

의문이 들게 됩니다. 이 경우 올바른 문장은

I was about to do it.(그걸 막 하려던 참이었어요)이 되어야,

상대방이 무슨 행동을 하려고 했는지 명확히 이해할 수 있어요.

영어에서는 이렇게 **문장을 완성해주는 작은 디테일**이 굉장히

중요해요. 말의 내용이 **더 구체적이고 명확하게 전달**되어야 하기

때문이죠. 비슷한 예로, I was going to tell.이라고만 말하면

'뭘 말하려고 했다는 거지?'라는 느낌을 줄 수 있어요. I was going

to tell you about it.(그것에 대해 당신에게 말하려고 했어요)이라고 해야

'무엇에 대해 말하려고 했는지' 명확하게 전달됩니다.

또한, She is trying to fix.라고만 말하면 '무엇을 고치려고

한다는 거야?'라는 의문이 들 수 있어요. 반면에 She is trying to

fix the car.(그녀는 그 차를 고치려고 하고 있어요)처럼 구체적인 대상을

추가하면 그 대상이 분명해지고 문장이 자연스럽게 들리죠.

마지막으로, 자주 들을 수 있는 예문 중 하나로 I am trying to call.

이 있어요. 이 문장만으로는 '누구에게 전화하려는 거지?'라는

의문을 줄 수 있죠. 이 경우도 I am trying to call my friend.

(나는 친구에게 전화하려고 해)처럼 구체적인 대상을 명시해주면

훨씬 자연스럽게 들려요.

이처럼 영어는 **구체적이고 명확한 전달을 중요시**하기 때문에,
문장을 완성하는 작은 디테일에 신경 쓰는 것이 중요해요.
이런 습관을 들이면 영어 회화에서 더 자연스럽고
정확한 의사소통을 할 수 있게 될 거예요!

주의하세요!

맥락이 이미 **충분히 명확할 때는** I'm about to.처럼 간단하게 말할 수 있어요. 예를 들어, 앞서 대화에서 무엇을 하려는지 이미 언급되었거나, 그 상황에서 **무엇을 할지 이미 분명한 경우**에는 '무엇을' 하려는지 구체적으로 덧붙이지 않아도 돼요. 예를 들어 친구가 "내가 빨래할게"라고 말한 뒤, 몇 분 후에 다른 친구가 "빨래했어?"라고 물으면 I'm about to.(지금 막 하려던 참이야)라고만 말해도 충분히 의사 전달이 됩니다. 이 경우에는 빨래를 하려는 상황이 이미 명확하므로, 더 이상의 설명이 필요 없죠. 하지만 **맥락이 명확하지 않은 상황**에서는 I'm about to do it.처럼 구체적으로 말해야 상대방이 이해할 수 있어요. 상대방이 내가 무엇을 하려는지 모를 때는, '무엇을' 하려고 하는지 구체적으로 말해주는 것이 더 자연스럽습니다.

네이티브가 듣고 바로 알아챌 영어 실수들

49

혹시 펜 있어요?

BY THE WAY, DO YOU HAVE A PEN?

?

어느 날, 학생 중 한 명이 저에게 By the way, do you have a pen?(그런데, 펜 있으세요?)라고 물었어요. 의미는 물론 명확했지만, 뭔가 약간 어색하게 들렸죠. 왜 그럴까요?

By the way가 정중한 요청에 사용되기엔 좀 어울리지 않기 때문이에요. 한국어에서는 무언가를 정중하게 요청하거나 질문할 때 '혹시'라는 표현이 자주 쓰이고, 자연스럽게 받아들여지죠. 그러나 영어의 By the way는 그와는 다른 맥락에서 주로 사용됩니다.

대화를 하다가 본 주제에서 벗어나거나 덧붙일 말이 있을 때 By the way를 쓰는 거죠. 정중한 요청을 할 때는 이 표현이 적절하지 않아요.

그럼, '혹시'라는 의미로 누군가에게 정중하게 펜을 빌리고 싶다면 어떻게 해야 할까요? 영어에서는 By any chance를 사용할 수 있어요. **정중한 요청이나 질문을 할 때 매우 유용한 표현**이죠. 상대방에게 부담을 주지 않고 부드럽게 질문할 수 있어요. 예를 들어 By any chance, do you have an extra pen? (혹시 여분의 펜이 있나요?)라고 하면, 요청이 훨씬 더 정중하고 배려 있는 느낌을 줍니다.

이처럼 By any chance는 상대방의 기분을 고려하면서도 요청을 자연스럽게 전달하는 데 탁월한 표현이에요. 물론, 이 외에도 정중하게 요청할 수 있는 다른 표현들이 있어요. 예를 들어, Do you happen to have an extra pen? (혹시 여분의 펜이 있으신가요?)나 If possible, could I borrow a pen? (혹시 가능하다면 펜을 빌릴 수 있을까요?)도 같은 맥락에서 사용할 수 있죠. 하지만 By any chance는 특히 더 널리 사용되며, 대화의 톤을 부드럽게 만들어주는 표현이라는 장점이 있습니다.

주의하세요!

By the way는 대화 중 새로운 주제로 자연스럽게 전환하거나, 추가적인 정보를 제공할 때 사용되는 표현이에요. 예를 들어, 대화 중 갑자기 **새로운 주제로 넘어가고 싶을 때**는 By the way, how's your sister doing?(그런데, 네 동생은 어떻게 지내?)처럼 사용할 수 있어요. 이렇게 하면 자연스럽게 대화의 흐름을 바꾸면서도 어색하지 않게 들려요.

중요한 정보는 아니지만 **덧붙여 말하고 싶은 내용이 있을 때**도 By the way가 유용해요. 예를 들어, By the way, I'll be late tomorrow.(참고로, 나 내일 늦을 거야.)라고 하면 상대방에게 부담 없이 정보를 전달할 수 있어요. 가볍게 **주의사항이나 알림을 전할 때**도 쓸 수 있어요. 예를 들어, By the way, don't forget to wear some hiking shoes.(참고로, 등산화 신는 거 잊지 마.)처럼 말하면 캐주얼하게 정보를 덧붙일 수 있죠.

By the way는 이렇게 주제 전환, 추가 정보 제공, 가벼운 알림 등에 적합하지만, 정중한 요청을 할 때는 피하는 것이 좋아요. 요청을 할 때는 By any chance나 Do you happen to 같은 표현이 더 적절해요. 이런 작은 차이가 대화의 뉘앙스를 완전히 바꿀 수 있답니다!

 By any chance, *do you have* **a pen?**

50

새 여름 원피스를 찾고 있어요.

I'M LOOKING FOR A NEW SUMMER ONE-PIECE.

?

패션에 관심이 없는 분들이라도 '원피스', '커플룩', '프리사이즈'란
표현을 한 번쯤 들어보셨겠죠? 그런데 이 세 단어, 영어로는
조금 다르게 표현된다는 사실 알고 계셨나요? 한 번 고쳐볼까요?
먼저, '원피스'! 한국에서는 '원피스'라고 하면 위아래가 붙은
한 벌의 치마를 떠올리지만, 영어에서 one-piece는 주로
수영복을 의미해요. 그러니, I'm looking for a new one-piece.라고
말하면, 외국인 친구가 "바닷가 가려고?"라고 물을 수도 있어요!
실제로 여러분이 말하는 원피스는 **dress**라고 합니다.
예를 들어, "새 여름 원피스를 찾고 있어요"라고 말하고 싶다면
I'm looking for a new summer dress.라고 하면 되죠.
다음은 '커플룩'! 한국에서는 커플룩이 참 흔한 패션 트렌드죠.
그런데 영어로는 **his-and-her**라는 표현을 사용해요. 신혼부부가
커플 가운을 맞췄다고 한다면 이렇게 말할 수 있어요. I got some
his-and-her robes as a wedding gift.(결혼 선물로 커플 가운을 받았어요)
'커플룩'도 **his-and-her outfits**라고 할 수 있답니다.
마지막으로, '프리사이즈'! 이 단어도 한국에서 자주 쓰이는데,
영어에서는 **one-size-fits-all**이라는 표현을 사용해요.
모든 사람에게 맞는 사이즈라는 뜻인데요,
This hat is one-size-fits-all but it fits me perfectly.
(이 모자는 프리사이즈인데 저한테 딱 맞아요)처럼 말할 수 있어요.
혹시 더 간단한 표현을 원하신다면,
It only comes in one size.도 사용 가능합니다.
특정 아이템이 한 가지 사이즈로만 제공될 때 유용한 표현이에요.
이제 영어 패션 용어, 훨씬 더 자신 있게 쓸 수 있겠죠?
다음에 '원피스'를 찾는다고 말할 때,
그게 예쁜 드레스가 아니라 수영복이라는 걸 잊지 마세요!

주의하세요!

his-and-her sweaters와 matching sweaters는 비슷하게 들리지만, 그 의미에는 차이가 있어요. his-and-her는 **처음부터 커플을 위해 특별히 디자인된 제품**을 의미해요. 이 경우, 두 사람이 함께 입었을 때 자연스럽게 커플룩이 되는 옷이에요. 예를 들어, his-and-her bathrobes는 커플 전용 가운을 뜻해요.

반면, matching sweaters는 특정 대상에 국한되지 않고, 커플뿐만 아니라 **친구, 가족, 또는 팀 등 여러 명이 같은 디자인의 옷**을 맞춰 입는 상황에 사용돼요. 여기서 중요한 점은 matching이 커플 전용이 아니라 누구나 입을 수 있는 일반적인 디자인이라는 거예요. 예를 들어, 커플이 같은 옷을 입을 때도 matching outfits라고 할 수 있고, 가족이나 친구들이 같은 옷을 입는 상황에도 이 표현을 사용할 수 있어요. 결론적으로, his-and-her는 커플 전용 제품을 의미하고, matching은 같은 옷을 여러 명이 맞춰 입는 상황을 포괄하는 표현이에요.

I'm looking for a new **summer dress.**

51

그건 서비스예요.

IT IS SERVICE.

?

제가 한국에 와서 처음 배운 콩글리시 단어 중 하나가 바로
'서비스'예요. 식당에서 음식을 무료로 주는 '서비스' 문화는
정말 놀라웠어요. '이건 뭐지? 왜 공짜지?' 싶었거든요.
서양에서는 이렇게 공짜로 주는 문화가 흔하지 않아요.
물론 새로 개업한 식당이거나 단골이라면 가끔 있을 수 있어요.
하지만 그럴 때도 영어로는 절대 '서비스'라고 하지 않아요.
대신 **It's on the house.**라고 해요.
예를 들어, Here are some French fries on the house.
(감자튀김은 서비스예요) 이렇게 말해요. 여기서 house가
왜 나오냐고요? house는 **식당을 가리키는 또 다른 표현**이에요.
식당에서 무언가를 무료로 줄 때는 on the house라고 표현하는데,
이 말은 주로 식당에서만 사용되는 표현이에요.
일상적인 다른 상황에서는 많이 쓰이지 않지만,
식당에서 서비스를 제공할 때 알아두면 유용하겠죠.
호텔에서 손님에게 뭔가를 무료로 제공해 줄 때는
free of charge라는 표현을 자주 사용해요.
예를 들어, We'd like to upgrade your room, free of charge.
(객실을 무료로 업그레이드해 드리겠어요) 여기서 free of charge는
free보다 격식 있는 표현이에요.
접객업이나 항공업에서는 **complimentary**라는 단어를
자주 사용하는데, 이건 '무료'라는 뜻이지만 조금 더
고급스러운 느낌을 줘요. 예를 들어, 비행기에서 승무원이
Beer and wine are complimentary, but whisky is not.
(맥주와 와인은 무료지만, 위스키는 무료가 아니에요.)라고 말할 수
있어요. 호텔에서도 Would you like some complimentary
tea and coffee?(무료 차와 커피를 드릴까요?)라는 식으로 사용돼요.

결론적으로, '서비스'를 영어로 표현할 때는 상황에 따라
여러 가지 표현을 사용할 수 있어요. on the house는
주로 식당에서 무언가를 무료로 제공할 때 쓰이고, free of
charge는 격식 있는 상황에서 '무료'라는 뜻으로 사용되며,
complimentary는 항공사나 호텔 같은 고급스러운 환경에서
자주 쓰이는 표현이에요.

주의하세요!

free라는 단어는 영어에서 두 가지 방식으로 자주 사용됩니다. 첫 번째는 **for free**
로, 예를 들어 We got upgraded to a suite for free.(무료로 스위트룸으로 업
그레이드 받았어요)처럼 쓰입니다. 여기서 for free는 for $0와 같은 의미로, 돈을
전혀 지불하지 않았다는 뜻이죠. 두 번째는 free를 **형용사**로 명사 앞에 사용하는
경우입니다. 예를 들어, We got a free upgrade at our hotel.(우리는 호텔에
서 무료로 업그레이드를 받았어요)에서 free는 '무료'라는 뜻의 형용사로, **명사를 꾸
며주는 역할**을 합니다.

52

이번 주말에 호캉스를 할 거예요.

I'M TAKING A HOCANCE THIS WEEKEND.

수업을 하다 보면 학생들이 여행과 관련된 단어를 영어로 그대로
옮겨 쓰는 경우를 자주 보게 돼요. 예를 들어, '호캉스'나
'캠핑카' 같은 단어들이 그렇죠. 이 단어들은
한국에서는 익숙하지만, 영어로 그대로 사용하면 어색하거나
의미가 전달되지 않을 수 있어요.

먼저, 요즘 인기 있는 '호캉스'라는 단어를 볼까요? 이 단어는
hotel과 프랑스어 vacance (휴가)를 합친 '한국식 영어'예요.
그럼 영어로는 어떻게 표현할까요? 원어민들은 이걸
staycation이라고 불러요. stay (머무름)와 vacation (휴가)의
합성어로, 멀리 여행을 떠나지 않고 **호텔 같은 곳에 머물며 휴식을
취하는 것**을 뜻하죠. 그래서 I'm taking a staycation this weekend.
(이번 주말에는 스테이케이션을 즐길 거예요)라고 말하는 것이
자연스러워요. 한국의 호캉스와 같은 개념이죠.

또, 여행의 로망으로 자주 떠오르는 '캠핑카'라는 단어도 있어요.
영어에서는 이를 **RV**라고 부르는데, 이는
recreational vehicle의 약자예요. **숙박과 운전을 동시에 할 수 있는
캠핑용 차량**을 뜻하죠. 여기서 주의할 점은 영어에서도
RV와 트레일러를 혼동하는 경우가 있다는 거예요.
RV는 자체적으로 움직일 수 있는 차량을 말하고,
트레일러는 다른 차량에 의해 끌려가는 구조예요. 그래서
캠핑카를 정확히 영어로 표현할 때는 RV라는 단어를
사용하는 게 더 자연스러워요. 예를 들어, We rented an RV for
our family trip. (우리는 가족 여행을 위해 RV를 빌렸어요)이라고 말하면
자연스러운 표현이에요.

이처럼 여행과 관련된 단어들도 한국식 표현과 영어 표현 간에
차이가 있답니다. 이런 차이를 알아두면
더 자연스럽고 정확한 영어를 사용할 수 있겠죠?

주의하세요!

요즘은 다양한 스타일의 여행이 많아요. 그중 몇 가지를 함께 볼까요? **workation**(워케이션)은 work(일)와 vacation(휴가)의 합성어예요. 말 그대로 **일을 하면서 동시에 휴가를 즐기는 개념**이죠. 원격 근무가 늘어나면서 특히 인기를 끌고 있는데요, 예를 들어 I'm going on a workation to Hawaii next month.(다음 달에 하와이에서 워케이션을 할 거예요)라고 말할 수 있어요. 멋진 장소에서 일도 하고 휴식도 취하는 거죠!

solocation(솔로 여행)은 solo(혼자)와 vacation(휴가)의 합성어입니다. **혼자 떠나는 여행**으로, 자유롭게 시간을 보내며 자신을 돌아보는 스타일의 여행이에요. 예를 들어, I'm planning a solocation to the mountains.(산으로 혼자 여행 갈 계획이에요)처럼 사용할 수 있습니다.

flashpacking(플래시패킹)은 배낭여행과 고급 여행을 결합한 스타일입니다. **배낭여행처럼 자유롭게 다니면서도, 고급 숙소나 레스토랑 같은 편의시설을 이용하는 것**이 특징이에요. I'm going flashpacking through Europe this summer.(이번 여름에 유럽으로 플래시패킹 여행을 떠나요)라고 표현할 수 있죠.

 I'm taking a staycation this weekend.

53

가성비가 좋아요.

IT'S GOOD FOR THE PRICE.

?

학생들이 가끔씩 **'가성비가 좋아요'**는 영어로 뭐라고 해야 하는지 물어보곤 해요. 학생들 사이에서는 It's good for the price.라는 표현이 많이 쓰이더라고요. 그런데, 이건 영어로 들으면 조금 어색할 수 있어요. 왜 그럴까요? 바로, for the price라는 표현이 **비즈니스나 공식적인 상황에서 더 자주 사용되기 때문**이에요. 일상생활에서는 좀 더 간단하고 자연스럽게 표현할 수 있어요. 먼저, 가장 많이 쓰는 표현은 바로 **It's good value.**예요. 이 표현은 가격에 비해 좋은 품질이나 성능을 강조할 때 사용해요. 한마디로, 이 물건은 돈 값 이상이라는 뜻이죠! 또 다른 좋은 표현은 **It's a great deal.**이에요. 이 표현은 한국어의 "정말 좋은 거래다"라고 생각하면 돼요. 세일이나 할인 받을 때 자주 쓰는 표현이에요. 그리고 조금 더 재미있는 표현도 있어요. 바로 **It's a steal.**입니다. 이 표현은 마치 거의 공짜로 얻은 것처럼 저렴하게 산 물건을 자랑할 때 써요. 무언가를 너무 싸게 샀을 때 친구들에게 자랑하듯 쓰기 딱 좋아요. 가끔 **비싸지만 그만한 가치가 있다**고 느껴질 때도 있죠. 그럴 때는 **It's worth every penny.**라는 표현을 써요. 이 표현은 가격이 비싸더라도 그만한 가치가 있다는 것을 강조하는 말이에요. 또는 **It's money well spent.**라는 표현도 있어요. 뭔가를 샀는데 정말 좋은 소비였다고 생각될 때, 이 표현을 사용해요. 정리하자면, 영어로 '가성비가 좋다'를 표현할 때 It's good value., It's a great deal., It's a steal. 등의 표현을 사용할 수 있어요. 그리고 조금 더 비싸지만 가치 있는 제품이라면, It's worth every penny. 또는 It's money well spent.라는 표현을 구사해 보세요. 가격과 가치를 이야기하는 이 표현들을 활용하면 영어 대화가 훨씬 자연스럽고 재미있어질 거예요!

This phone has a lot of features for the price. It's good value.
이 전화기는 가격 대비 많은 기능이 있어요. 가성비가 좋아요.

I bought this jacket on sale for half price. It's a great deal!
이 재킷을 세일해서 반값에 샀어요. 정말 좋은 거래예요!

I love my guitar. It was expensive, but it's worth every penny.
제 기타 정말 좋아요. 비쌌지만 그럴 만한 가치가 있어요.

Buying a good quality bike helmet is always money well spent. 좋은 자전거 헬멧을 사는 건 항상 돈을 잘 쓰는 거예요.

주의하세요!

비즈니스 자리에서는 **조금 더 신중한 표현**이 필요해요. This product offers great value for the price. 또는 This is a cost–effective solution. 같은 표현은 좀 더 **전문적이고 격식 있는 자리에서 사용**하기 적합해요. 중요한 회의나 고객과의 상담 자리에서는 It's a steal!과 같은 표현은 지나치게 가벼워 보일 수 있어서 피하는 것이 좋아요. 비즈니스 상황에서는 제품의 가격뿐만 아니라 그 가치를 명확하게 전달하는 것이 중요하기 때문에. This product provides excellent value considering its features.처럼 가성비뿐만 아니라 제품의 장점과 특징을 강조하는 표현을 사용하는 것이 좋습니다.

54

바쁜 날에는 컵라면이 딱이야.

CUP NOODLES ARE PERFECT FOR A BUSY DAY.

제가 한국에서 처음 배운 콩글리시 단어 중 하나가 바로
'컵누들'이에요. 처음엔 꼭 영어 같아서 '이건 내가 모르는
영어 물건 이름인가?' 싶었는데, 사실은 그렇지 않았어요.
원어민들은 '컵누들'이라는 표현을 사용하지 않고, 보통
instant noodles라는 말을 써요. 중요한 건 여기서 '컵'이라는
용기가 아니라, **'즉석에서 먹을 수 있다'는 점이 강조**된다는 거예요.
그래서 외국에서는 컵라면이든 봉지라면이든 크게 구별하지
않고 instant noodles로 부르는 경우가 많아요.
하지만 컵에 담긴 라면을 정확히 말하고 싶다면
instant cup noodles 또는 noodles in a cup이라고
표현할 수 있어요. 예를 들어, I usually eat instant noodles for
lunch.(나는 점심으로 보통 라면을 먹는다)라고 말하면 자연스럽죠.
한국인들에게 꼭 영어처럼 들리지만, 실제로는 그렇지 않은
또 다른 단어가 바로 '핫도그'예요.
영어권에서는 hot dog이라는 말이 우리가 흔히 아는
빵 속에 소시지를 넣고, 케첩, 머스타드, 피클 등을 곁들인 음식을
뜻해요. 반면 한국의 핫도그는 영어로는
corn dog에 더 가까운 음식이에요.
corn dog는 **소시지를 튀긴 반죽으로 감싼 막대에 끼워진 음식**이죠.
최근에는 한국식 핫도그 가게들이 해외에서도 인기를 끌면서
Korean hot dog 또는 Korean corn dog로 알려지게 됐어요.
외국 친구에게 설명할 땐 This is a Korean corn dog. It's covered
in batter and fried, sometimes with cheese inside.
(이건 한국식 콘도그야. 반죽으로 감싸 튀긴 음식인데, 가끔 안에 치즈도 들어 있어.)
라고 말하면 훨씬 쉽게 이해할 거예요.

이처럼 한국에서는 익숙한 단어들이 영어권에서는
전혀 다른 방식으로 사용되거나, 아예 다른 표현으로
불릴 때가 많아요. 이런 차이를 알아두면
더 자연스럽고 자신감 있는 영어 대화를 할 수 있답니다!

What's your favorite instant cup noodles brand?
네가 가장 좋아하는 컵라면 브랜드는 뭐야?

**A Korean corn dog restaurant just opened up down the
street.** 우리 동네에 한국식 핫도그 가게가 새로 생겼어요.

주의하세요!

noodle은 **셀 수 있는 명사**로, 한 가닥의 면을 가리킬 때 단수형으로 사용해요. 하
지만 일상적인 대화에서 **면발 하나를 따로 언급하는 경우**는 드물죠. 주로 특정 상
황에서만 단수형 noodle을 사용해요. 예를 들어, "셔츠에 면발 하나가 붙어 있었
어"라고 말하고 싶다면 I found a noodle on my shirt.이라고 표현할 수 있어
요.

그런데 **면을 일반적으로 언급할 때**는 항상 복수형 noodles를 사용하는 것이 자
연스러워요. 이는 라면, 국수, 파스타 등 면으로 만든 음식은 모두 마찬가지예요.
여러 가닥의 면을 가리키기 때문에 복수형으로 쓰는 것이 영어에서는 기본이에
요. 예를 들어, "나는 점심에 면 요리를 즐겨 먹어"라고 말할 때는 I love eating
noodles for lunch.라고 표현하면 돼요.

INSTANT CUP NOODLES
are perfect
for
a busy day.

55

물티슈 어디에 있나요?

WHERE ARE THE WATER TISSUES?

?

해외에 가면 특정 물건의 영어 단어가 생각나지 않아
한국에서 익숙한 단어를 그대로 영어로 번역하는 바람에
원어민들이 어리둥절한 표정을 지을 때가 있어요.
오늘은 그런 실수들을 정리해 보면서, 어떤 것이
자연스러운 영어 표현인지 알아볼까요?

첫 번째로, 여러분이 해외에서 '물티슈'를 사려고
Where are the water tissues?라고 말한다면, 그 직원이
당황할 수 있어요. 실제로 영어에서 '물티슈'는 water tissues가
아니라 wet wipes라고 부릅니다. wipe는 '닦다'라는 의미를
가지고 있으며, wipes는 **닦는 용도로 사용하는 일회용 천**을
가리킵니다. 영어에서 tissue는 주로 건조한 티슈(화장지)를
의미하기 때문에, **wet wipes**라고 해야
의도한 물건을 정확히 가리킬 수 있어요.

그래서 Where are the wet wipes?라고 물으면
훨씬 더 자연스럽고 정확하게 들리죠.

두 번째로, 흔히 쓰는 '머그컵'도 사실 영어로는 mug라고만
부르면 됩니다. '컵'이라는 단어를 덧붙일 필요가 없어요.
원어민에게 I bought a new mug cup.이라고 하면,
그 사람은 아마 **'왜 cup을 또 말하지?'**라고 생각할 거예요. 그냥
I bought a new mug.라고 말하는 게 더 간단하고 자연스러워요.

마지막으로, 해외에서 인턴 생활을 하거나 사무실에서 일할 때
자주 혼동하는 단어는 '파일'입니다. 한국에서는 서류를 보관하는
폴더를 '파일'이라고 부르지만, 영어에서는 folder라고 해요.
file은 보통 개별 서류나 문서를 의미하고, **그 문서를 보관하는 물건은**
folder라고 해요. 때때로 file folder라는 표현을 쓰기도 하지만,
보통은 folder로 충분합니다. 그래서 Can you hand me that
folder?라고 하면 자연스러운 표현이죠.

주의하세요!

mug라는 단어는 보통 '컵'을 의미하지만, 재미있게도 '얼굴'을 가리키는 장난스러운 은어로도 쓰여요. 예를 들어, I never thought I'd see your ugly mug again.이라고 하면, "네 못생긴 얼굴을 다시 보게 될 줄 몰랐어"라는 뜻이에요. 여기서 ugly mug는 상대방의 얼굴을 약간 덜 멋있게, 유머러스하게 표현하는 방식이에요.

또 하나 재미있는 단어는 mugshot(머그샷)인데, 경찰이 범죄자의 얼굴을 촬영할 때 사용하는 공식 사진을 가리켜요. 영화나 TV에서 경찰서에서 찍는 얼굴 사진을 떠올리면 쉽게 이해될 거예요. 여기서 mug은 슬랭으로 '얼굴'을, shot은 '사진을 찍는 행위'를 뜻해요. 그래서 mugshot은 얼굴을 찍은 사진을 의미하게 된 거예요.

Where are
**the wet
wipes**?

56

비행기가 몇 시에 도착하나요?

WHAT TIME DOES YOUR FLIGHT ARRIVE?

영어 동사 중 arrive와 depart는 교과서에 자주 나와서
익숙하시죠? 특히 교통수단을 이용할 때 쓰는 표현인데요.
그런데 사실, 이 단어들은 좀 격식을 갖춘 표현이어서
일상 대화에서 쓸 때는 다소 딱딱하게 들릴 수 있어요.
그래서 원어민들은 더 편한 표현을 자주 써요.
예를 들어볼게요. 한국에서 영어를 배운 분들이 종종
What time does your flight arrive?라고 묻는데, 이건 조금
과한 느낌을 줄 수 있어요. 비행기 시간을 묻는 건데 뭐,
대단히 **중요한 발표**라도 하는 느낌이랄까요? 이보다는
What time are you getting to Incheon? 또는
What time does your flight land?라고 묻는 게 훨씬
자연스럽고 일상적인 표현이에요. 특히 도착할 장소가 이미
대화에서 나왔다면, land는 **비행기가 착륙하는 구체적인 상황**을
말해 주니까 훨씬 더 원어민스럽게 들려요.
또 하나 자주 보이는 실수는 depart예요. 예를 들어,
What time does your train depart?라고 묻는 것보다는,
그냥 What time does your train leave? 또는 더 간단하게
What time is your train?이라고 말하는 게 더 자연스러워요.
leave는 '출발하다'의 의미를 담으면서도
덜 공식적이고, 친근한 느낌을 줘요.
물론, 공항이나 기차역에 가면 Arrivals와 Departures라는
표지판이 있지만, 친구랑 일상 대화를 할 때는 군이 그 단어들을
쓰지 않아도 돼요. 너무 격식 차린 느낌을 주거든요.
그러니까 다음에 친구한테 비행기나 기차 시간 물어볼 때는
격식을 벗고 좀 더 편안한 표현으로 대화를 이어가 보세요.
영어 대화가 훨씬 자연스러워질 거예요!

주의하세요!

잘못된 열차를 타는 실수를 피하려면, 정확한 정보를 묻는 게 정말 중요하죠. 그런데 한국어에서 **'열차가 온다'**는 개념을 그대로 직역해서, 많은 분들이 영어로 **What time is the next train coming?**(다음 열차는 언제 와요?)이라고 질문하는 경우가 많아요. 하지만, 영어에서는 열차의 **'출발 시간'**에 더 초점을 맞추기 때문에, come 대신 be동사를 사용하는 것이 더 자연스럽습니다. 예를 들어, **What time is the next train?**(다음 기차는 몇 시인가요?) 또는 **When is the next train?**(다음 기차는 언제 있나요?)처럼 묻는 게 훨씬 더 영어다운 표현이에요. 이렇게 물으면 영어권 사람들이 더 자연스럽게 받아들이죠.

What time
does your
flight **LAND**?

57

나는 휴식을 취하러 사우나에
갈 거야.

I'M GOING TO
THE SAUNA
TO RELAX.

?

많은 한국 사람들이 긴 한 주를 보내거나 등산 후에 **사우나**에
가서 피로를 푸는 경우가 많죠. 그런데 영어에서 sauna라는
단어는 한국 사람들이 생각하는 '사우나'와는 다르게,
단순히 뜨거운 증기가 가득 찬 방만을 가리킨다는 점을
아시나요? 원어민에게 Let's go to the sauna.라고 말하면
대부분 아주 작은 뜨거운 방을 떠올릴 거예요.
좀 당황할 수 있겠죠? 그래서 **찜질방처럼 더 다양한 휴식 공간**을
의미하고 싶다면 **bathhouse**나 **spa**라는 표현을
사용하게 좋아요! 예를 들어, I'm going to the bathhouse to relax.
라고 하면, '아, 이 사람은 찜질방 같은 곳에 가서 쉬려는구나!'
하고 바로 이해할 거예요.

그리고 또 하나, 한국에서 자주 사용하는 **펜션**이라는 단어도
주의가 필요해요. 왜냐하면 영어에서 pension은 '연금'을
뜻하거든요! 외국인 친구가 "펜션에 가자"는 말을 듣는다면
'연금에 가자고? 뭐지?' 하고 혼란스러워할 수도 있어요.
영어로는 **vacation house**나 **cottage** 같은 표현이 더
자연스럽고 맞습니다. 예를 들어,
We stayed at a lovely vacation house near the beach.라고 하면,
'아, 한국에서 말하는 그 펜션을 의미하는구나!' 하고
딱 이해할 수 있죠.

마지막으로, 한국에서는 호텔보다 조금 저렴한 숙박 시설을
'모텔'이라고 많이 부르죠. 하지만 영어권에서 motel이라고 하면,
주로 고속도로 근처에 있는 **장거리 운전자를 위한 간단한 숙박 시설**
을 떠올려요. 영어에서 motel은 기본적으로
실용적이고 간단한 숙소를 의미하기 때문에, 약간 낡고
시설이 제한적일 수 있다는 인상이죠.

한국의 모텔을 더 정확하고 깔끔하게 표현하고 싶다면
budget hotel이나 inn 같은 단어를 사용하는 것이 좋아요.
예를 들어, We stayed at a small budget hotel near the city.
(우리는 도시 근처의 작은 저렴한 호텔에 묵었어)라고 하면
훨씬 자연스럽고 세련된 표현이 돼요.

주의하세요!

영어권 국가들에서는 '펜션'에 해당하는 개념을 다양한 용어로 표현해요. 특히 영국, 호주, 뉴질랜드, 남아프리카공화국 등지에서는 **guesthouse(게스트하우스), holiday home(휴가용 별장), 또는 bed & breakfast(B&B) 같은 용어**를 더 많이 사용합니다. 이 국가들에서는 guesthouse라는 표현이 특히 일반적인데, 작은 규모의 숙소를 가리키며 주로 아침 식사 같은 간단한 서비스를 제공하는 숙박 시설을 뜻하죠. 예를 들어, We stayed at a cozy guesthouse in the countryside.라고 하면, "시골에 있는 아늑한 게스트하우스에 머물렀다"란 뜻으로 자연스럽게 전달됩니다.

북미에서는 유럽이나 호주와는 조금 다른 용어를 사용해요. **cottage나 vacation house라는 표현**이 더 일반적이죠. 특히 캐나다나 미국에서는 cottage가 자주 쓰이는데, 이는 휴양지에 있는 작은 별장을 의미해요. 예를 들어, We're renting a cottage by the lake for the weekend.라고 하면, "호수 근처 별장을 주말 동안 빌렸다"란 의미가 돼요.

I'm going to
the bathhouse
to relax.

58

음식에 대해서…

ABOUT THE FOOD...

한국 학생들은 영어로 주제를 소개할 때

about을 자주 사용해요. 예를 들어, about the food…,

about the price… 같이 말이죠. 이는 한국어에서

"음식에 대해서"라고 말할 때 자연스럽게

about을 떠올리기 때문인데요. 하지만 영어에서는

이런 표현이 다소 어색하게 들릴 수 있어요. 오늘은 이를 더

자연스럽게 표현할 수 있는 방법을 살펴보겠습니다.

가장 간단하고 유용한 방법 중 하나는 **'명사 + -wise'**를

사용하는 거예요. 이 표현은 특정 **주제를 간결하면서도 자연스럽게 소**

개할 수 있어요. 예를 들어, 식당에서 음식을 평가할 때

Food-wise, everything was delicious. (음식 면에서는 모든 것이 맛있었어요)

라고 하면 '음식 면에서는'이라는 느낌을 줄 수 있어요.

이처럼 '명사 + -wise'는 간단하게 주제를 소개할 때

아주 유용한 표현이에요. 또 하나 추천하는 표현은

as for the…예요. 이 표현은 어떤 주제에 대해 이야기하다가,

다른 주제로 자연스럽게 넘어갈 때 적합해요.

예를 들어, Food-wise, I loved everything.

As for the service, the staff were a bit cold. (음식 면에서는 다 좋았어요.

서비스에 대해서는, 직원들이 조금 무뚝뚝했어요.)처럼 말이죠. 이렇게

as for the…는 대화의 흐름을 부드럽게 이어주는 역할을 해요.

조금 더 공식적인 자리에서는 **in terms of…**를

사용하는 게 좋아요. 이 표현은 특히

비즈니스 미팅이나 격식 있는 자리에서 특정 측면이나 주제를

다룰 때 유용하게 쓰여요.

예를 들어, In terms of the atmosphere, it wasn't formal enough

for our clients. (분위기 측면에서 보면, 우리 고객을 데려오기에는 충분히 격식 있는

장소가 아니었어요.)라고 하면, '분위기 측면에서'라는 의미로

더 세련되고 프로페셔널하게 들려요.

마지막으로 소개할 표현은 speaking of…예요.

이 표현은 **매우 캐주얼하면서도 자연스럽게 주제를 연결할 때** 사용돼요. 예를 들어, 누군가 음식에 대해 이야기하고 있을 때 Speaking of flavor, the pasta was amazing. (맛에 대해 말하자면, 파스타가 정말 훌륭했어요.)라고 하면, 맛에 대한 이야기로 자연스럽게 넘어갈 수 있어요.

심지어 전혀 다른 주제로 전환할 때도 사용할 수 있죠.

Speaking of pasta, how was your trip to Italy?

(파스타 얘기가 나와서 말인데, 이탈리아 여행은 어땠어요?)처럼요.

이처럼 about 대신 '명사 + -wise', as for the…, in terms of…, speaking of… 같은 표현들을 사용하면 더 자연스럽고 유창하게 주제를 소개할 수 있어요. 상황에 맞는 다양한 표현을 통해 영어 대화를 더 풍부하고 세련되게 만들어보세요!

Food-wise, everything was delicious, but the price was a bit high.
음식 면에서는 다 맛있었지만, 가격이 좀 비쌌어요.

Food-wise, I loved everything. As for the service, the staff were a bit cold.
음식은 다 좋았어요. 서비스에 대해서는, 직원들이 좀 무뚝뚝했어요.

In terms of the atmosphere, I don't think it's formal enough to bring our clients.
분위기 측면에서 보면, 우리 고객을 데려오기에는 조금 가벼운 느낌이에요.

Speaking of flavor, the pasta had a really strong garlic taste.
맛에 대해 말하자면, 파스타에 마늘 향이 정말 강했어요.

Speaking of pasta, how was your trip to Italy?
파스타 얘기가 나와서 말인데, 이탈리아 여행은 어땠어요?

주의하세요!

한 표현을 익혔다고 해서 **너무 남용하면** 오히려 어색해질 수 있어요. 예를 들어, speaking of...를 지나치게 자주 사용하면 대화 흐름이 자연스럽지 않고 반복적인 느낌을 줄 수 있어요. 상황에 맞게 적절히 사용하는 것이 중요해요. 표현을 배울 때는 **얼마나 자주** 사용하는지, **어떤 맥락에서** 쓰는지 감각을 키우는 것이 좋아요.

Price-wise, Lion Air is always cheaper than Air America. In terms of service, Air America is much better. As for onboard entertainment, Air America offers plenty of TV shows and movies, while Lion Air doesn't have much.

비용 측면에서 보면, Lion Air가 항상 Air America보다 저렴해요. 서비스 면에서는 Air America가 훨씬 더 우수해요. 기내 엔터테인먼트를 살펴보면, Air America는 다양한 TV 프로그램과 영화를 제공하지만, Lion Air는 상대적으로 선택의 폭이 좁아요.

이처럼 상황에 따라 다양한 표현을 적절히 배치하면
대화가 더 자연스럽고 유창하게 들릴 거예요!

Food-wise,
I loved everything.
As for the service,
the staff were *a bit cold.*

59

무리하지 마.

DON'T OVERWORK.

?

어느 저녁, 긴 하루의 수업을 마치고 나니 한 학생이 저한테
Don't overwork!라고 말했어요. 학생이 저를 걱정해 준 건
고마웠지만, 사실 이 표현은 조금 어색한 영어 표현이에요.
한국어의 "무리하지 마"를 Don't overwork.로 직역한 것인데,
실제로 원어민들은 무리하지 말라는 **권유나 조언을 할 때**
이 표현을 잘 사용하지 않거든요.
우리가 흔히 말하는 **"무리하지 마"**를 영어로 자연스럽게
표현하려면 **Don't push yourself too hard.**가 훨씬 더 적합해요.
이 표현은 누군가가 **너무 무리해서 스스로에게 부담을 주지 않도록**
경고할 때 쓰는 거예요. 예를 들어, 친구가 매일 야근을
하고 있다면 이렇게 말할 수 있겠죠.
You've been working late every day this week. Don't push
yourself too hard. (이번 주에 매일 늦게까지 일했잖아. 너무 무리하지 마.)
비슷한 표현으로 **Don't overdo it.**도 있어요. 이 표현은
필요 이상으로 너무 많은 노력을 기울이거나 무리할 때 자주 사용돼요.
친구가 마라톤 연습을 너무 열심히 하고 피곤해 보인다면
이렇게 말할 수 있겠죠.
I know you want to do your best, but don't overdo it. Rest is
important too. (최선을 다하고 싶은 건 알겠지만 너무 무리하지 마. 휴식도 중요해.)
좀 더 캐주얼한 표현으로는 **Don't work too hard.**가 있어요.
이 표현은 **너무 열심히 일하지 말고 좀 쉬라는 뜻**으로 많이 써요.
상대방이 과로할까 봐 걱정될 때 "좀 쉬면서 해"라는 의미로
사용하기 좋죠. You've been preparing for the presentation all
week. Don't work too hard. You've already done a great job!
(발표 준비를 일주일 내내 하고 있잖아. 너무 열심히 하지 마. 이미 잘하고 있어!)
여기서 좀 더 캐주얼한 표현을 하나 더 볼까요? **Take it easy.**는
"편하게 쉬어"라는 뜻으로 많이 사용돼요.

상대방이 **너무 힘들게 일하거나 긴장했을 때,** 살짝 웃으며 Take it easy!라고 말하면 훨씬 더 친근하게 들릴 수 있어요. You've been working hard all week. Take it easy this weekend. (일주일 내내 열심히 일했잖아. 이번 주말엔 좀 쉬어.) 이 표현은 친구나 가족에게 편하게 말할 수 있는 표현으로, 일상에서 자주 사용돼요.

마지막으로 **Take it slow.** 도 소개할게요. 이 표현은 "천천히 해"라는 뜻으로, **서두르지 말고 여유를 가지라**는 의미예요. 처음 무언가를 배울 때, 너무 급하게 하지 말고 차분하게 하라고 조언할 때 사용할 수 있어요. It's a big project, so take it slow and don't worry about finishing everything today. (큰 프로젝트니까 천천히 해. 오늘 다 끝내려고 하지 말고.) 이렇게 차근차근 해나가라는 의미로 Take it slow.를 쓸 수 있어요.

결론적으로, 한국어의 "무리하지 마"를 영어로 자연스럽게 표현할 때는 Don't overwork보다는 Don't push yourself too hard., Don't overdo it. 같은 표현이 훨씬 더 자연스러워요. 그리고 Take it easy., Take it slow.는 상대방에게 여유를 가지라고 말할 때 정말 유용한 표현들이에요. 이런 표현들을 사용하면 영어 대화가 더 자연스럽고 친근하게 들릴 거예요!

주의하세요!

overwork는 주로 **과로 또는 과중한 업무를 주는 상황**에서 사용됩니다. 특히 상사가 직원에게 지나치게 많은 일을 요구할 때 자주 쓰이지만, 일상 대화에서는 다소 딱딱하게 들릴 수 있어요. 예를 들어, 상사가 직원들에게 무리한 요구를 할 때는 Don't overwork the staff. They've had a long week. (직원들을 너무 무리시키지 마세요. 이번 주는 이미 많이 힘들었어요.)라고 말할 수 있죠.

Don't work
TOO HARD.

60

혼자서 할 수 있어요.

I CAN DO IT ALONE.

?

수업 시간에 학생들에게 짝을 지어 과제를 하도록 했는데,
학생 수가 홀수였어요. 그래서 한 학생에게 다른 그룹에
합류하라고 했더니, 그 학생이 자신 있게 Teacher, I can do it
alone.(선생님, 혼자 할 수 있어요)라고 말하더라고요. 그 순간
살짝 웃음이 나왔어요. 왜냐하면 alone이라는 단어가
그 상황에서는 조금 어색하게 들렸거든요. alone은 때때로
고립이나 외로움을 의미할 수 있어요. 예를 들어,
I feel so alone.(나는 너무 외로워요)처럼 말이에요.
물론 한국어에서는 "혼자서 할 수 있어요"라고 말하는 게
아주 자연스럽지만, 영어로는 이럴 때 I can do it by myself.라고
하는 게 훨씬 더 자연스러워요. **by myself는 독립성을 강조하고,**
상황에 맞게 긍정적으로 들리거든요.
반면에 alone은 조금 외롭고 부정적인 느낌을 줄 수 있어요.
그래서 학생이 자립심을 표현하고 싶었다면,
I can do it by myself.가 딱 맞는 표현이었겠죠.
비슷한 표현으로 **on my own**도 있어요. 이 표현은
자립성을 좀 더 강조할 때 사용돼요. 예를 들어, I moved to a new
city on my own.(나는 혼자 새 도시로 이사했어요)나 I started my own
business on my own.(나는 내 사업을 혼자 시작했어요)처럼요.
이런 표현들은 스스로 무언가를 해냈다는 의미를 담고 있죠.
반면 by myself는 조금 더 일상적인 상황에서 더 자주 사용돼요.
예를 들어, I went to the movies by myself.
(나는 혼자 영화를 보러 갔어요) 같은 문장에서요.

주의하세요!

myself, by myself, 그리고 all by myself는 모두 혼자 무언가를 한다는 의미를 가지고 있지만, 각각의 뉘앙스는 조금씩 달라요. myself는 스스로 할 수 있다는 의미로 독립성을 나타내지만, <u>특별히 혼자서 한다는 점을 강조하거나 자부심을</u> 드러내지는 않아요. 예를 들어, 누군가 도움을 제안했을 때 I can do it myself. (혼자 할 수 있어요)라고 말해, 도움이 필요하지 않다는 뜻을 전달할 수 있어요.

by myself는 완전히 혼자서, <u>**도움 없이 무언가를 한다**는 것을 강조</u>하는 표현이에요. 예를 들어, I'd like to do it by myself.(저 혼자서 해보고 싶어요)라고 말하면, <u>스스로의 힘으로 하고 싶다는 의지</u>를 나타내요.

마지막으로, all by myself는 **완전한 독립을 강조**하며, 자부심을 담아 말할 때 자주 사용돼요. 예를 들어, I did it all by myself!(나 혼자 다 했어!)라고 말하면, 성취감과 독립성을 자랑하는 표현이에요.

I can
do it
BY MYSELF.

네이티브가 듣고 바로 알아챌 영어 실수들

61

나는 오피스텔에 살아요.

I LIVE IN AN OFFICE-TEL.

부동산 이야기는 정말 자주 나오는 대화 주제 중 하나예요.

대부분의 사람들이 자기 집에 대한 이야기를

좋아하고, 또 자주 하죠.

그런데 한국에서 사용되는 부동산 관련 용어들이 **영어권에서의**

표현과 다소 차이가 있어서 혼란스러운 경우가 있어요.

조금만 신경 써서 영어권에서 자주 쓰는 표현으로 바꾸면

더 자연스럽고 정확한 소통이 가능해요.

예를 들어, 한국에서 '원룸'은 보통 작은 집을 의미하지만,

영어권에서는 **studio apartment**라고 불러요. one room이라는

표현은 그냥 '방 하나'를 의미하는데, 이 말만으로는 정말

아무것도 없고 '방 하나만 있는 집'처럼 들려요.

따라서 원어민에게는 I live in a studio apartment.라고

말하는 게 훨씬 자연스럽고 정확하게 통할 수 있어요.

또, '빌라'도 마찬가지예요. 영어권에서 '빌라'는 고급 주택이나

별장을 의미하는 경우가 많은데, 한국에서 쓰는 '빌라'는

조금 다르죠. 영어로는 **low-rise apartment**라고 표현하는 게

더 맞아요. 한국의 빌라는 층수가 낮은 작은 아파트인데,

이를 영어로는 low-rise apartment라고 하거든요.

그러니까 I live in a low-rise apartment.라고 말하는 게 좋아요.

또 하나, 한국에서만 쓰이는 독특한 용어인 '오피스텔'도 있어요.

'오피스텔'은 사무실과 주거 공간을 겸할 수 있는 한국의

독특한 주거 형태입니다. 영어권에서는 이와 같은 개념이

없기 때문에 딱 맞는 단어가 없어요. 그래서 설명할 때는

studio apartment with office space 혹은 mixed-use

residential and office building처럼 조금 풀어서 설명하는 게

더 정확해요. 그러니 I live in an office-tel이라고 하기보다는

I live in a studio apartment that's designed for both living and

working.이라고 말하면 자연스러워요.

이처럼 부동산 관련 영어 표현을 사용할 때는 원어민들이 실제로
사용하는 표현을 쓰는 게 중요해요. 이렇게 하면 대화가
더 자연스럽고, 상대방이 쉽게 이해할 수 있어요.

My studio apartment is small but it has a great view.
제 원룸은 작지만 전망이 정말 좋아요.

**These low-rise apartments are so quiet despite being close to
the street.**
이 빌라는 거리에 가까운데도 정말 조용해요.

**I live in a studio apartment that's designed for both living and
working.**
저는 주거와 업무가 가능한 스튜디오 아파트에 살고 있어요.

주의하세요!

'원룸'은 앞서 언급했듯이 영어로는 studio apartment로 불려요. 하지만
one-bedroom apartment와 혼동할 수 있어요. studio apartment는 **침실,
거실, 주방이 한 공간에 모두 포함된 형태**로, 보통 one-bedroom apartment
보다 더 작고 저렴해요. 반면, one-bedroom apartment는 **침실이 거실 및
주방과 분리된 구조**로, 말 그대로 방 하나가 따로 있는 아파트를 의미해요. 정
리하자면, studio apartment는 공간이 하나로 연결된 오픈 플랜 구조이고,
one-bedroom apartment는 별도의 침실이 있다는 점에서 차이가 커요.

I live in
a studio
apartment.

62

제 영어 실력이 부족해서
죄송합니다.

SORRY FOR
MY LACK
OF ENGLISH.

?

가르치다 보면 한국 학생들이 자신의 영어 실력에 대해 지나치게 사과하는 모습을 자주 보게 돼요. 예를 들어, Sorry for my lack of English. (제 영어 실력 부족에 대해 죄송합니다) 같은 표현을 사용하며 자신의 부족함을 강조하는 식이죠. 그런데 이와 같은 겸손함이 의도와 달리 듣는 사람에게 약간의 불편함을 줄 수도 있어요. 물론 자신의 영어 실력이 원하는 수준에 미치지 못한다고 느끼는 것은 자연스러운 일이에요. 하지만 군이 사과로 시작할 필요는 없어요. 이보다는 **배우는 과정에 있다는 점**을 강조하면서 긍정적인 태도를 보이는 것이 상대방에게도 훨씬 좋은 인상을 줄 수 있어요.

예를 들어, 자신의 영어에 대해 언급해야 할 상황이 온다면, I'm still learning English. (아직 영어를 배우고 있는 중이에요) 같은 표현을 사용하는 것이 좋아요. 또는 My English is a bit limited. (제 영어가 조금 제한적이에요) 라고 말하면, 상황을 솔직히 인정하되 자신감을 완전히 잃지는 않은 인상을 줄 수 있죠.

상대방이 Your English is great! 라고 칭찬했을 때도 **너무 겸손하게** No, it's terrible... 이라고 대답하기보다는, Thank you! I'm still learning, though. (감사해요! 그래도 아직 배우고 있어요.) 라고 말해보세요. 이 표현은 **감사의 마음과 함께 앞으로 더 나아질 것이라는 자신감**을 보여줍니다. 이렇게 말하면 상대방도 당신의 태도를 더욱 긍정적으로 볼 거예요.

또 한 가지 추천하고 싶은 표현은 My English isn't perfect, but I'll do my best! (제 영어가 완벽하지는 않지만, 최선을 다할게요!) 예요. 이 말은 **정직하면서도 긍정적이고 성실한 이미지**를 심어줄 수 있어요.

결론적으로, 영어 실력에 대해 말할 때 스스로를 너무 깎아내리기보다는, 배우는 과정에 있다는 점을 자연스럽게 전달하세요. 영어를 배우는 사람들에게 가장 필요한 건 완벽한 문법이 아니라, 서로를 이해하고 소통하려는 자신감이니까요!

주의하세요!

많은 학생들이 문법적으로 완벽하지 않은 문장을 말할까 봐 두려워하지만, 사실 영어 원어민들도 종종 **문법 실수**를 해요. 예를 들어, She don't know.는 문법적으로 틀렸지만, 구어체에서는 흔히 들을 수 있는 표현이에요. 또 다른 예로 There's two people.처럼 단수 동사와 복수를 섞어 쓰거나, Me and him went to the store.처럼 문법적으로 맞지 않는 주격 대명사를 쓰는 경우도 흔하죠. 중요한 건 문법이 완벽하냐가 아니라, **상대방이 내 말을 이해할 수 있느냐**는 점이에요. 그러니 문법 실수에 대한 두려움을 내려놓고 소통에 집중해 보세요.

My English
isn't perfect,
but I'll do my best.

63

너무 답답해요.

I FEEL
STUFFY.

?

새로운 언어를 배우는 과정에서 의사소통이 잘 안 되면 정말 답답한 기분이 들죠? 저와 수업하는 학생들도 종종 그런 기분을 느끼곤 해요. 그럴 때 학생들이 I feel stuffy.라고 말하는 경우가 많은데, 여기서 잠깐! 이 표현은 사실 조금 어색하게 들릴 수 있어요. 한국어의 '답답하다'는 다양한 상황에서 사용되기 때문에 이렇게 표현할 수 있을 것 같지만, 이 경우에는 **상황에 맞지 않게** 들릴 수 있답니다. stuffy는 주로 **공기가 탁하거나 숨쉬기 어려운 실내 환경**을 묘사할 때 쓰는 단어예요. 예를 들어, It's a bit stuffy in here. Can I open a window?(여기 좀 답답한데, 창문을 열어도 될까요?)처럼요. 의사소통이 잘 안 되거나 자기 생각을 제대로 표현하지 못해서 답답할 때는 I feel so frustrated.(너무 답답해요)라고 말하는 것이 훨씬 더 자연스러워요. 또, 만약 책임감이나 압박감 때문에 숨이 막히는 듯한 답답함을 느낀다면 I feel suffocated.(숨이 막히는 것 같아요)라고 표현할 수 있어요. 이 표현은 직장, 가정, 또는 여러 가지 스트레스로 인한 답답함을 표현하기에 딱 맞는 표현이에요.

I feel stuffy. 공기가 탁한 상황
I feel frustrated. 의사소통 문제나 생각을 표현하지 못할 때 느끼는 답답함
I feel suffocated. 심리적인 압박감으로 숨 막히는 듯한 느낌

사실, stuffy라는 단어는 답답한 마음 상태를 나타낼 때는 적합하지 않지만, **사람의 성격을 묘사**할 때는 자주 쓰여요. 주로 고지식하거나 융통성이 없고 꽉 막힌 성격을 표현할 때 사용되죠. 그러니까 '답답하다'란 의미가 아예 없는 건 아니지만, 감정적인 답답함보다는 사람이 꽉 막히고 재미없다고 느껴질 때 쓰는 거죠.

예를 들어, The party was full of stuffy, old scholars. So it wasn't my type of vibe. (파티에는 답답하고 고지식한 노학자들로 가득해서 내 취향은 아니었어) 여기서 stuffy는 단순히 성격이 꽉 막힌 사람들을 묘사하고 있어요. 재미없고, 대화하기도 불편할 것 같은 사람들을 가리킬 때 딱 맞는 표현이에요.

주의하세요!

영어를 배울 때 가끔 frustrated와 suffocated를 잘못 사용하는 경우가 있어요. 이 두 단어는 주로 내 감정을 설명할 때 사용돼요. 하지만 **외부 상황이 나를 답답하게 만들 때**는 조금 다른 방식으로 표현해야 더 자연스러워요. 예를 들어, 어떤 상황이 답답하다고 느껴질 때 I'm frustrated.라고 말하는 대신, 그 상황 자체가 답답하다는 걸 강조하려면 frustrating이라고 표현해야 해요. 이건 마치 "상황이 나를 이렇게 만들고 있어!"라고 말하는 것과 같죠.

예를 들어, There are no public bathrooms in this city. It's so frustrating.(이 도시에는 공중화장실이 없어서 답답해요.)이라고 말하면, 공중화장실이 없다는 상황이 답답함의 원인임을 강조할 수 있어요.

비슷하게, suffocated도 내가 느끼는 답답함을 표현할 때 쓰지만, 외부 상황을 설명할 때는 suffocating을 사용해요. 이건 외부 상황이 나를 숨 막히게 만든다는 의미로 더 적합해요. 예를 들어, Working and raising kids can be so suffocating.(일과 육아를 같이 하면 정말 숨 막힐 때가 있어요)이라고 말하면, 일과 육아라는 외부 상황이 얼마나 답답하고 벅찬지를 자연스럽게 표현할 수 있어요.

I feel frustrated.

64

그럴 줄 알았어요.

I THOUGHT LIKE THAT.

한국 사람들이 영어로 말할 때, 한국어 표현을

그대로 직역하는 경우가 종종 있어요. 예를 들어, **"그럴 줄 알았어!"**

를 영어로 I thought like that!이나 I know.라고

말하는 경우가 있죠. 하지만 이런 표현들은 원어민이 듣기에

어색하게 들릴 수 있어요. 대신 I thought so.나

I knew it!이라고 하면 훨씬 자연스럽습니다.

두 표현 사이에 중요한 차이가 있는데요, **I thought so.**는

"그럴 줄 알았어" 정도로, 어느 정도 **추측은 했지만 확신이 덜한 상황**

에서 사용돼요. 반면에 **I knew it!**은 **확신이 있었을 때**,

"역시 내가 맞았어!"라는 의미로 더 강하게 말할 때 쓰입니다.

예를 들어볼게요. 동료가 I think the meeting is going to be

delayed.라고 말할 때, 당신이 그것을 이미 어느 정도 예상은

했지만 확신하지는 못했던 상황이라면, I thought so.라고

대답할 수 있어요. "그럴 줄 알았어" 정도로

자연스럽게 표현하는 거죠. 다른 상황을 보면, 친구가

I finally got the promotion!이라고 했을 때,

이건 I knew it!이라고 답할 순간이에요. "역시 그럴 줄 알았어!"

라고 확신에 차서 말할 수 있는 거죠.

이처럼, I thought so.는 **추측이지만 확신이 덜한 상황**에서,

I knew it!은 **확실히 예측이 맞았을 때** 쓰는 표현이에요.

두 표현을 적절하게 사용하면 더 자연스럽게 대화를

이어갈 수 있을 거예요.

조금 더 배워볼까요?

I had a feeling.

이 표현은 I thought so.와 비슷하지만, 뭔가 **의심이나 직감이 들었을 때** 더 자주
사용해요. 이미 마음속으로 예상하고 있던 일이 실제로 일어났을 때 쓰기 딱 좋죠.

A Did you hear that our branch is closing down? I'm
worried. 우리 지점이 문 닫는다는 소식 들었어? 걱정돼.

B I had a feeling. I already updated my resume.
그럴 것 같아서 이미 이력서를 업데이트했어.

I figured.

이 표현은 "역시 내 예상이 맞았어"라는 의미로, **이미 예상했던 일이 실제로 일어
났을 때** 사용해요. 상대방의 말이 내가 이미 생각했던 것과 일치할 때 자연스럽게
쓸 수 있는 표현이에요.

A Sherry called and said that she'll be late.
셰리가 늦는다고 전화했어.

B I figured. She's been very busy these days taking care of her
newborn baby.
그럴 줄 알았어. 요즘 아기 돌보느라 아주 바쁘잖아.

주의하세요!

I figure는 **내가 어떤 생각이나 추측을 한다**는 의미로, 가볍게 "내 생각엔" 또는
"내가 보기엔"이라고 해석할 수 있어요. 예를 들어, I figure we'll be done by
5 o'clock.(내 생각엔 5시쯤 끝날 것 같아)처럼, 특정 상황에 대해 자신의 추측이나
의견을 가볍게 표현할 때 사용할 수 있죠.

반면에, I figure out은 **문제나 상황을 해결하거나 새로운 정보를 알아냈을 때** 쓰
는 표현이에요. 이 표현은 '무언가를 알아내다', 또는 '이해하다'라는 의미가 강해요.
예를 들어, I figured out how to fix the printer.(프린터 고치는 방법을 알아냈
어)처럼, 어떤 문제를 해결했거나 정보를 습득했을 때 사용할 수 있어요. 또 다른
예로, Did you figure out the solution?(해결책 알아냈어?)처럼 질문 형태로도
자연스럽게 사용돼요.

I knew
it!

65

1 + 1 할인

ONE PLUS ONE

?

새로 산 물건에 대해 이야기할 때 자주 듣는 표현 중 하나가 바로
'1+1' 할인이에요. 한국의 마트나 편의점에서 정말 익숙하게
볼 수 있는 표현인데요. 여기서 재미있는 사실 하나 아시나요?
'원 플러스 원'이라는 표현은 사실 한국에서만 사용되는
표현이에요. 영어권에서는 이걸 **Buy one, get one free**라고
표현해요. 직역하면 '하나 사면 하나 공짜'라는 뜻이에요.
그래서 만약 외국인 친구에게 One plus one!이라고 말하면,
친구가 '그게 무슨 말이지?' 하고 고개를 갸우뚱할 수 있어요!
참고로, 간단히 BOGO라고 줄여 쓰는 경우도 있지만,
이건 주로 **글로만 사용**되고 실제 대화에서는
잘 등장하지 않는 표현이에요.
그렇다면 '2+1' 할인은 어떨까요? 이 표현도 한국에서는
익숙하지만, 영어로는 Buy two, get one free라고 해요.
같은 방식으로 '3+1'은 Buy three, get one free로 표현할 수
있답니다. 영어에서는 이렇게 **'Buy ~, get ~ free'** 형식을
훨씬 더 많이 사용해요.
여기서 이야기를 조금 더 확장해서 할인과 관련된 또 다른
유용한 표현을 하나 알려드릴게요.
바로 off란 표현이에요. 영어에서는 off가
가격이 줄어들거나 할인된다는 의미로 자주 쓰여요. 이 표현은
다양한 할인 상황에서 활용할 수 있어요.
예를 들어 Buy 1, get one 50% off라고 하면,
하나를 사면 두 번째 물건은 50% 할인이 적용된다는 뜻이에요.
한국에서 자주 보는 '2+1'과 비슷하지만, 여기서는
두 번째 상품에만 50% 할인을 적용한다는 점이 차이점이에요.

또 다른 예로, Spend $50, Get $10 Off라는 표현이 있어요.
이건 '50달러를 지출하면 10달러를 할인받는다'란 뜻이에요.
보통 정해진 금액 이상 구매 시 일정 금액을 할인해 주는
행사에서 자주 쓰이는 표현이에요.
마지막으로, 20% off는 '20% 할인'을 의미하고,
$5 off는 '5달러 할인'을 뜻해요. 영어에서는 이렇게
구체적인 할인율이나 할인 금액을 표시할 때
off를 많이 사용하니, 기억해 두면 정말 유용할 거예요!

주의하세요!

할인에 대해 이야기할 때, 영어에서는 **deal이나 offer란 단어**를 자주 붙여서 표현해요. 이 단어들은 '특별한 조건이나 혜택'을 강조하는 역할을 하기 때문에 더 자연스럽고 구체적인 느낌을 줘요.

예를 들어, "이건 1+1이야"라고 말하고 싶다면, 단순히 This is buy one, get one free.라고 하기보다는 This is a buy one, get one free deal.이라고 표현하는 것이 훨씬 자연스러워요. 또는 This is a special offer: buy one, get one free.처럼 special offer를 사용해 조금 더 강조할 수도 있어요.

이렇게 deal이나 offer를 함께 사용해 할인 혜택을 설명하는 경우가 많으니, 이 표현들을 적절히 활용하면 의사소통에 훨씬 도움이 될 거예요!

Buy one,
get one
FREE

66

내 잘못이야.

IT'S
MY FAULT.

?

한국어에서 "내 잘못이야"를 영어로 표현할 때,

많은 한국 분들이 It's my fault.라는 말을 떠올리곤 해요.

그런데 원어민 입장에서는 이 표현이 **가볍게 사과할 때는**

조금 딱딱하게 들릴 수 있다는 걸 아시나요? It's my fault.는

확실히 맞는 표현이긴 하지만, **모든 상황에서 꼭 적절한 건 아니**에요.

예를 들어, 영화 시간을 잘못 알려준 것처럼 가벼운 상황에서는

It's my fault.라고 하면 왠지 너무 진지하게 들릴 수 있어요.

이럴 때는 **My bad. (내가 잘못했어)** 혹은 **My mistake. (내 실수야)**

같은 캐주얼한 표현이 훨씬 더 자연스럽게 느껴져요.

딱딱하게 It's my fault.라고 하면, 친구들이

'이거 무슨 대단한 일이야?'라고 생각할 수도 있어요!

반면에, **조금 더 공식적인 상황**에서는 **It's my fault.**가 딱 맞아요.

예를 들어, 회사 회의 중에 마감일을 놓쳤다면,

It's my fault, I didn't submit it on time.

(제 잘못입니다, 제시간에 제출하지 않았어요.)하고 책임을 인정하는 게

더 적절해요. 이건 친구들 사이에서 쓰는 My bad.처럼

너무 가볍게 들리지 않으면서, 그래도 딱딱하지 않게

책임을 인정하는 표현이죠.

더 나아가, 고객과의 이메일 같은 **공식적인 비즈니스 상황**에서는 It's

my fault. 대신 조금 더 공손한 표현을 사용하는 게 좋아요.

이럴 때는 **My apologies. (죄송합니다)**가 더 적합해요.

예를 들어, 고객에게 사과할 때는

My apologies for the mistake, I will correct it immediately. (실수에

대해 사과드리며, 바로 수정하겠습니다.)라고 말하는 것이 더 전문적이고

정중하게 들려요. 반면에 이런 상황에서 My bad!라고 한다면?!

음, 고객이 다시는 연락하지 않을 가능성이 높겠죠?

정리하자면, 가벼운 실수에는 My bad.나 My mistake., 중간 정도의 책임 인정에는 It's my fault., 그리고 공적인 사과에는 My apologies.가 적절해요. 이렇게 상황에 맞는 표현을 쓰면 훨씬 더 자연스럽고 유창하게 들릴 수 있어요.

주의하세요!

사과를 할 때는 책임을 인정하더라도 변명하지 않고 **간결하고 명확하게** 사과하는 것이 좋은 인상을 남길 수 있어요. 또한, 한국어에서는 사과를 자주 하고 비교적 쉽게 "죄송합니다"라고 말하는 경향이 있지만, 영어에서는 너무 자주 책임을 인정하거나 과도하게 사과하면 **오히려 부자연스럽게** 들릴 수 있어요. 영어권에서는 사과를 너무 많이 하면 자신감이 없어 보일 수 있기 때문에, 정말 필요한 상황에서만 책임을 인정하고 사과하는 게 중요해요.

 MY BAD.

67

좋아요.

I LIKE THAT.

?

영어로 초대나 제안을 받았을 때, 어떻게 대답해야 할지
고민이 될 때가 있죠. 이 경우 I like that.이라는 표현을
떠올릴 수 있는데요, 이 말은 제안이 마음에 든다는 느낌은
전달하지만, 실제로 **그 제안을 받아들이겠다는 의지**는
명확히 드러나지 않을 수 있어요.

예를 들어, 친구가 Do you want to grab lunch together?라고
물었을 때 I like that.이라고 대답하면,
점심 먹자는 제안이 마음에 든다는 의미로는 들리지만,
함께하겠다는 뜻으로는 받아들여지지 않을 수 있어요.

이 경우 원어민들은 I'd love to!처럼 더 명확하게 답해요.
이렇게 대답하면 **제안을 기꺼이 수락하고, 함께할 의사가 있다**는 걸
확실히 전달할 수 있어요.

같은 맥락에서, We're having a party this weekend, wanna come?
이라는 초대에 I like that.이라고만 하면 충분하지 않아요.

이럴 때는 I'm in!처럼 **참여 의사를 명확하게 드러내는 표현**을
사용하는 것이 훨씬 자연스럽고 좋죠.

이렇게 말하면 단순히 제안이 좋다는 것뿐 아니라,
실제로 함께할 의지가 있음을 분명히 전달할 수 있어요.

따라서, I like that.은 영어로 수락의 의사를 표현하기엔
충분하지 않다는 걸 기억해야 해요.

제안을 받아들인다는 의지를 분명히 밝히기 위해서는,
위에 언급한 표현들처럼 조금 **더 구체적이고 명확한 대답**을
사용하는 것이 좋아요!

주의하세요!

제안이나 초대를 수락할 때 적절한 표현에는 다음과 같은 것들이 있어요. 영어에는 이처럼 다양한 표현이 있지만, **이를 언제 사용해야 하는지 아는 것**이 대화에 자연스러움을 더해줘요. 예를 들어, I'd love to.는 공식적이거나 예의 바른 상황에서 적합하고, I'm down., I'm in., Count me in.은 친구나 가까운 사람들과의 대화에서 자주 사용돼요.

1   I'd love to. (love = 정말 하고 싶다. 제안을 기꺼이 받아들인다는 뜻.)

2   I'm up for it. (up for = ~할 마음이 있다. 제안에 찬성한다는 의미.)

3   I'm down. (down = 동의하다, 찬성하다. 친구들 사이에서 자주 쓰이는 표현.)

4   I'm in. (in = 포함되다. 제안에 참여하겠다는 뜻.)

5   Count me in. (count = 포함시키다. '나도 끼워줘'라는 의미.)

68

말이 안 돼요.

I DON'T UNDERSTAND YOUR WORDS.

음모론에 대한 그룹 토론 수업 중에 두 명의 학생이 나누는
대화를 들은 적이 있어요. 한 학생이 자신이 믿는 음모론을
열심히 설명하고 있었는데, 다른 학생이 그 설명을 듣고
I don't understand your words.(당신의 말이 이해가 안 돼요)라고
말했어요. 문법적으로 틀리지는 않지만,
약간 어색한 표현이었죠. 왜 그럴까요?

영어에서 words는 **개별적인 단어나 표현**을 지칭할 때
주로 사용돼요. 예를 들어, Can you explain these words?라고
하면 특정 단어 하나하나를 이해하지 못한다는 의미가 돼요.
그래서 I don't understand your words.라고 하면,
마치 그 사람이 사용하는 특정 단어들 자체가 낯설거나
모호하다는 뉘앙스로 들려요. 게다가 이 표현은 상대방의 말을
이해하지 못했음을 너무 직접적으로 전달하기 때문에
다소 딱딱하거나 거리감 있게 느껴질 수 있죠.

그럼 이렇게 일반적인 대화에서 **상대방의 설명이나 논리 전체**를
이해하지 못하는 경우에 쓸 수 있는 말은 무엇일까요?
일상적인 대화에서는 I don't get it.(이해가 안 돼요)이라고
말하면 돼요. 이 표현은 친근하면서도 상대방의 설명이
명확하지 않다는 점을 부드럽게 전달할 수 있죠.

조금 더 **공손해야 할 상황**에서는 That's a bit confusing to me.
(저에게는 좀 혼란스러운 것 같아요)라고 표현할 수 있어요.
이렇게 말하면 상대방을 비난하지 않으면서도,
설명이 조금 어렵다는 점을 자연스럽게 전달할 수 있답니다.

조금 **더 직설적으로 표현**하고 싶다면 That doesn't make sense.
(그건 말이 안 돼요)가 가장 흔하게 쓰이는 표현이에요.

더 강하게 표현하고 싶다면, That's nonsense.(그건 말도 안 돼요)라고
할 수도 있어요. 하지만 이 두 표현 모두 다소 직설적이기 때문에,
상대방에게 무례하게 들릴 수 있으니 주의해야 해요.

주의하세요!

영어에서는 상대방의 의견을 **직접적으로 부정하기보다는, 더 부드럽고 간접적으로
표현**하는 문화가 있어요. 특히 대화를 할 때는 상대방의 의견을 바로 반박하는 대
신에 먼저 그들의 입장을 이해하는 것이 중요해요. 그런 다음, 자신의 의견이나 생
각을 덧붙이는 것이 더 좋은 대화 방식으로 여겨집니다. 이 방법을 사용하면 상대
방도 기분이 상하지 않고, 서로의 의견을 더 잘 공유할 수 있게 돼요.
예를 들어, 상대방의 말을 부정하고 싶을 때 **I understand what you're
saying, but I'm having trouble with...**(네 말은 이해했지만, 이 부분이 잘 이
해가 안 돼.)라고 말할 수 있어요. 이렇게 말하면 **상대방의 의견을 먼저 인정**하면서
도, **자연스럽게 자신의 생각을 표현**할 수 있죠. 이 표현은 너무 직설적이지 않아서
상대방이 방어적인 태도를 보일 가능성도 줄어들고, 더 원활한 대화를 이끌어낼 수
있답니다.

I don't
GET IT.

69

맛있게 드세요.

EAT
DELICIOUSLY.

제가 처음 한국에서 지내기 시작했을 때 있었던 일이에요.
어느 날 여러 국적의 외국인 선생님들끼리 모여 한국 문화를
이야기하며 점심을 먹고 있었는데, 한 선생님이 한국어로
"맛있게 드세요!"라는 표현이 정말 매력적이라며
이야기를 꺼냈어요. 그 선생님은 학생들로부터
이 말을 자주 들었는데, 짧지만 따뜻한 배려가 담긴
표현이라며 감탄하더라고요.

그런데 문제는, 그 선생님이 이 말을 영어로 번역해서
사용해 보고 싶었다는 거예요. 식사가 나오자,
그는 활짝 웃으며 우리를 향해 아주 자신 있게 외쳤어요.
Eat deliciously! 순간 다들 잠깐 정적이 흘렀다가,
폭소를 터뜨리고 말았죠. 저도 속으로는 '어… 그건 좀 이상하게
들리는데?'라고 생각하며 웃음을 참았어요.

사실, 영어에서 "맛있게 드세요"를 Eat deliciously.로
번역하는 건 자연스럽지 않아요. 부사가 동사를 수식할 때는
그 동작이 어떻게 이루어지는지를 설명해요. 예를 들어,
She ran quickly.는 '그녀가 빨리 달렸다'라는 동작의 속도를
묘사해요. 그런데 Eat deliciously는 '어떻게 먹는다'를
묘사하려 하지만, 영어에서는 사람이 deliciously, 즉
맛을 느끼는 방식을 의도적으로 조작할 수 없다는 점에서
어색하게 들려요. 게다가, "맛있게 드세요"라는
한국어 표현은 **'음식을 즐기세요'**라는 따뜻한 권유의 의미를 담고
있지만, Eat deliciously는 이런 맥락을 제대로 전달하지 못해요.
그렇다면 영어로는 어떻게 말할까요? 가장 흔하게 쓰는 표현 중
하나는 **Bon appétit.**예요. 이건 프랑스어에서 온 표현인데,
영어권에서도 **식사 자리에서 아주 널리 사용**돼요.

발음은 [본 아페티]라고 하고요, 한국어의 "맛있게 드세요"와
비슷한 의미로, 상대방이 식사를 즐기기를 바라는 마음을 전할 때
사용해요. 격식 있는 자리든, 친구들과의 식사 자리든
두루 잘 어울리는 표현이에요.
친근한 분위기에서는 **Let's eat!**(먹자!)이나
Let's dig in!(한번 먹어보자!) 같은 표현을 쓰기도 해요.
이 두 표현은 좀 더 **격식 없이 가볍게 사용**하는데,
특히 가족이나 친구들 사이에서 아주 자연스러워요.
"맛있게 드세요"라는 한국의 따뜻한 문화를 영어로도
잘 표현하고 싶다면, 상황에 맞게 Bon appétit, Let's eat!,
Let's dig in! 같은 표현을 활용해 보세요.
이렇게 작은 표현 하나로도 서로를 배려하고 즐거운
식사 시간을 함께할 수 있으니까요!

주의하세요!

Bon appétit.는 보통 말하는 사람이 함께 식사를 할 때 사용하는 표현이에요. 하
지만, 예를 들어 식당에서 직원이 손님에게 음식을 내올 때처럼 함께 식사하지 않
는 상황에서는 **Enjoy your meal.**이라는 표현이 더 적합합니다. 이때 meal
대신 breakfast, lunch, dessert, coffee 등으로 바꿔서 사용할 수 있어요. 예
를 들어, Enjoy your coffee.처럼 자연스럽게 바꿔 쓸 수 있죠. 파티나 모임에
서 호스트로서 뷔페를 준비하고 손님들이 알아서 음식을 즐기도록 할 때는 Help
yourself.(마음껏 드세요)라고 하거나, **Alright, everyone. Bon appétit.**
(자, 여러분. 맛있게 드세요)라고 말하면 매우 자연스러워요.

70

같이 밥 먹어요.

LET'S EAT TOGETHER.

?

한국에서 만난 친구들과 점심 약속을 잡으려던 날이었어요.
다들 식사 장소를 고르며 신나게 대화를 나누고 있었는데,
한 친구가 환한 미소로 Let's eat together!라고 말했어요.
그 말이 듣기에 너무 귀엽고 정감 가서 웃음이 났지만,
살짝 어색한 느낌도 들었어요. 왜냐하면 이 표현이
영어로는 조금 부자연스럽게 들릴 수 있기 때문이에요.
eat이라는 단어는 분명히 '먹다'라는 뜻의 아주 기본적인
동사지만, 영어에서는 대화에서 eat을 **그대로 사용하는 경우**가
많지 않아요. 특히 성인들 간의 대화에서는 eat을 사용하면 마치
어린아이가 말하는 것처럼 들릴 수 있어요. 말을 할 때 단순한
정보 전달을 넘어 **대화의 분위기, 상대와의 관계, 그리고 말하는 사람의**
의도까지 감안해서 하는 것이 성인의 언어 사용법이죠.
당연히 표현이 다소 **간접적이거나 완곡해지는 경향**이 있습니다.
그래서 영어에서는 eat 대신 **have, get, grab, go out** 같은
표현을 사용하는 것이 훨씬 자연스러워요. 예를 들어, 친구들에게
점심을 제안할 때는 Let's have lunch together.(같이 점심해요)라고
하면 훨씬 부드럽고 자연스럽게 들려요. 여기서 have는
식사를 함께하자는 의도를 자연스럽게 전달할 수 있는 단어예요.
또, 가볍고 편안한 제안을 하고 싶다면
Let's get lunch.(점심 먹으러 가요)라고 표현할 수 있어요.
get은 **캐주얼한 분위기**에서 특히 자주 쓰이는 동사예요.
더 캐주얼하게 말하고 싶을 땐 Let's grab a bite to eat.
(간단히 뭐 좀 먹어요)라는 표현도 좋아요. 여기서 grab은
'빠르게 무엇을 하자'는 느낌을 주기 때문에
간단한 식사나 가벼운 간식을 먹자는 의미를 담고 있어요.
또, 한번은 동료가 제게 Do you want to go out for lunch?
(같이 점심 먹으러 갈래요?)라고 묻더라고요. 여기서 go out은
'밖으로 나가서 식사하다'라는 의미를 담고 있어요.

이 표현은 **함께 외출해 식사를 하자는 의도**를 자연스럽게
전달할 수 있어서 매우 유용해요.

결론적으로, 영어에서는 eat 대신 have, get, grab, go out 같은
표현을 사용해야 성인 간의 대화에서 더 자연스럽고 세련되게
들려요. 이런 표현들은 단순한 제안 이상으로, 식사를 함께하며
대화를 나누고 싶은 마음을 부드럽게 전달할 수 있답니다.

조금 더 배워볼까요?

다른 사람과 함께 식사할 때 내 음식을 나눠주고 싶다면, 꼭 eat 대신 have만 사용하는 것이 아니라 더 다양한 표현을 활용하는 것이 좋아요. 영어에서는 상황에 따라 여러 표현을 쓸 수 있어요. 한국어로는 "이 음식 같이 먹어요"라고 할 수 있지만, 영어로는 조금 더 **다양한 방식**으로 말할 수 있답니다.

예를 들어, Would you like to **try** some?(좀 드셔보실래요?)이라는 표현은 음식을 처음 먹어보거나 권할 때 자연스럽게 사용할 수 있어요. 또, Can I **offer** you some?(좀 드릴까요?)은 음식을 공손하게 권할 때 적합한 표현이에요. 뷔페처럼 상대가 직접 덜어 먹을 수 있는 상황에서는 **Help** yourself to some.(마음껏 드세요)이라는 표현이 자주 쓰이고, 한 입 정도를 권할 때는 **Take a bite.**(한 입 드셔보세요)처럼 간단하게 말할 수도 있어요. 격식 있는 자리에서 음식을 권할 때는 Would you **care for** some?(좀 드시겠어요?)이라는 표현을 사용하는 것도 좋아요. 이처럼 영어에는 음식을 나눠주거나 권할 때 사용할 수 있는 표현이 많아요. 상황에 맞는 표현을 사용하면, 더 자연스럽고 따뜻하게 대화를 이어갈 수 있답니다!

주의하세요!

grab은 가벼운 제안이나 친한 친구들 사이에서 쓰는 **캐주얼한 표현**이에요. 그래서 공식적인 자리에서는 사용하지 않는 게 좋습니다. 예를 들어, 상사나 처음 만나는 사람에게 grab을 사용하면 지나치게 비격식적으로 들릴 수 있어요. 이런 경우 **have**를 사용하는 것이 더 적절하고 **예의 바른 표현**입니다.

친구와 캐주얼한 대화
Do you want to grab lunch tomorrow? 내일 점심 먹을래?

상사나 공식적인 상황
Would you like to have lunch tomorrow? 내일 점심 같이 하실래요?

Let's
have lunch *together.*

71

옷이 잘 어울립니다.

THOSE CLOTHES FIST YOU.

칭찬을 받는 것은 언제나 기분 좋은 일이지만, 패션 감각에 대한 칭찬은 특히 더 기쁜 것 같아요. 누군가가 "옷이 잘 어울립니다"라고 말하면 하루가 한결 더 행복해지죠. 그런데 영어로 이 표현을 하려고 할 때 종종 Those clothes fit you.라고 말하는 경우를 보곤 해요. 사실 이 표현은 원어민 입장에서 보면 약간 어색하게 들릴 수 있어요. 왜냐하면 영어에서 fit은 **옷의 크기나 치수를 나타낼 때 사용**되기 때문이에요. 예를 들어, That jacket fits you perfectly.는 '그 재킷이 몸에 딱 맞는다'는 의미지, 그 옷이 스타일적으로 잘 어울린다는 뜻은 아니에요. 그렇다면, **스타일에 대한 진정한 칭찬**은 영어로 어떻게 해야 할까요? 여기서부터는 진짜 빛나는 영어 표현들이 나와요. 예를 들어, I love your outfit.이라고 하면 그 옷의 **전체적인 조합**이 멋지다는 뜻이에요. 혹은 조금 더 구체적으로, You look incredible in that outfit.이라고 하면 상대방이 그 옷을 **입었을 때 얼마나 멋져 보이는지**를 강조할 수 있어요. 또, That outfit really looks beautiful on you.라는 표현은 **옷과 사람의 조화**에 초점을 맞춘 칭찬이에요. 이런 표현들은 단순히 크기나 치수를 넘어서 스타일과 매력을 칭찬하는 훨씬 자연스러운 방법이에요. 조금 더 칭찬의 레벨을 높이고 싶다면 이런 표현도 시도해 보세요. You look so elegant in that dress.라고 하면 **우아함까지** 한껏 살려줄 수 있어요. **색깔에 대한 칭찬**을 하고 싶다면 That color really suits you.라고 하면 돼요. 만약 **특정한 아이템**이 눈에 띈다면 Your scarf matches your coat beautifully. 같은 표현으로 세심한 관찰력을 드러낼 수도 있죠. 더 **캐주얼하고 유쾌하게** 말하고 싶다면 You totally rock that look!이라고 하면서 상대방의 스타일 감각을 마음껏 칭찬할 수도 있어요. 결국 영어로 패션 칭찬을 할 때는 단순히 옷의 크기나 기능성을 넘어, 상대방의 스타일과 조화에 초점을 맞추는 것이 중요해요.

그러니 다음번에 누군가의 멋진 스타일이 눈에 띈다면, 이렇게 한마디 해보세요. Wow, that outfit looks amazing on you!

I love your outfit. 옷이 정말 예쁘네요.

You look incredible in that outfit. 그 옷이 정말 멋지게 어울려요.

That outfit really looks beautiful on you.
그 옷이 당신에게 정말 잘 어울려요.

You look so elegant in that dress. 그 드레스가 정말 우아하게 어울려요.

That color really suits you. 그 색이 당신이랑 정말 잘 어울려요.

Your scarf matches your coat beautifully.
스카프가 코트와 정말 잘 어울려요.

You totally rock that look! 그 스타일 너랑 너무 잘 맞아!

주의하세요!

패션 칭찬을 할 때 fit, suit, 그리고 match라는 단어를 제대로 사용하는 것은 매우 중요해요. 이 세 단어는 모두 '어울린다'는 의미를 담고 있지만, 뉘앙스와 쓰임새가 조금씩 달라요. 먼저 fit은 **옷의 크기나 치수**에 대해 말할 때 사용하는 단어예요. 예를 들어, The dress fits you perfectly.라고 하면 '그 드레스가 몸에 딱 맞는다'는 뜻이에요. 옷의 스타일이나 색깔과는 전혀 관련이 없고, 단지 물리적인 착용감에 초점이 맞춰져 있죠. 그래서 상대방이 옷을 멋지게 소화하고 있다고 말하고 싶다면 fit을 쓰는 건 피해야 해요.

반면에 suit는 **스타일적으로 얼마나 잘 어울리는지**를 말할 때 사용해요. That color suits you so well.이라는 표현은 단순히 색깔이 몸에 잘 맞는 걸 넘어, 그 색이 그 사람의 **전체적인 분위기와 얼마나 잘 조화를 이루는지**를 칭찬하는 거예요. 사실 suit는 '개인의 매력을 더 돋보이게 해준다'는 뉘앙스까지 담고 있어서, 정말로 상대방이 그 옷을 '자신의 것으로 만들었다'는 느낌을 전달해요.

마지막으로 match는 **옷과 옷 사이의 관계**를 표현하는 단어예요. 쉽게 말해, 신발과 가방, 혹은 스카프와 재킷처럼 두 가지 아이템이 얼마나 잘 어울리는지를 말할 때 쓰는 거죠. 예를 들어, Your shoes match your bag beautifully.라고 하면, 신발과 가방이 서로 조화를 이루고 있다는 뜻이에요. 이 표현을 잘 사용하면 상대방이 얼마나 세심하게 스타일을 완성했는지 칭찬할 수 있어요.

 You look *incredible*
in that outfit.

72

오해하지 마세요.

DON'T
MISUNDERSTAND. ?

대화 중에 내 의견을 말하면서 상대방이 내 말을 오해할까
걱정될 때가 있죠? 한국어로는 "제 말 오해하지 마세요"라고
쉽게 말할 수 있지만, 영어로 Don't misunderstand.라고 하면
어딘가 딱딱하고 진지하게 들려요. 마치 상대방이
지금 당장 오해하고 있다고 지적하는 느낌을 줄 수 있어서,
듣는 사람이 당황할 수도 있죠. 이런 상황에서는
Don't misunderstand.는 잠시 내려두고, 원어민들이 더 자주
사용하는 표현을 선택해 보세요.

그중 하나가 바로 Don't get me wrong.이에요. 이 표현은
훨씬 부드럽고 캐주얼하게 '오해하지 마세요'라는 의미를 전달할 수
있어, 상대방에게 부담을 주지 않으면서 내 의도를 명확히
설명하는 데 아주 유용하죠. 예를 들어, Don't get me wrong.
I love coffee, but drinking five cups a day might be a bit much.
(오해하지 마세요. 저도 커피를 좋아하지만, 하루에 다섯 잔은 좀 과한 것 같아요.)라고
말하면, 상대방도 웃으며 "맞아, 그건 좀 과하긴 하네!" 하고
공감할 수 있는 분위기가 돼요. 이 표현은
진지하지 않고 대화를 가볍게 이어가는 데 적합해요.

또 다른 표현으로는 조금 더 직설적인 No offense.가 있어요.
이 표현은 내가 하려는 말이 상대방에게 조금 기분 나쁘게
들릴 수도 있을 것 같을 때 **미리 방어막을 치는 역할**을 해요.
예를 들어, No offense, but I think you're overthinking this.라고
하면, "기분 나쁘게 듣지 마, 근데 넌 지금 이걸 너무 깊게
생각하는 것 같아."라는 뜻이에요. 물론 이 표현은
Don't get me wrong.보다 직설적이기 때문에, 조금 조심해서
사용해야 해요. 상대방이 농담을 이해할 수 있는 상황에서라면
효과적이지만, 너무 예민한 상황에서는
오히려 역효과를 낼 수도 있죠.

결론적으로, 대화 중 내 의견을 말할 때 상대방의 반응이 걱정된다면 딱딱하고 정색하는 Don't misunderstand. 대신 Don't get me wrong.이나 No offense.같은 표현을 활용해 보세요. 이렇게 하면 대화가 더 자연스럽고, 상대방도 당신의 의견을 편안하게 받아들일 거예요.

조금 더 배워볼까요?

I hope you don't take this the wrong way.는 상대방이 오해하지 않기를 바란다는 뜻을 담은 아주 정중하고 간접적인 표현이에요. 이 표현은 상대방의 기분을 상하지 않게 하면서도 솔직한 의견을 부드럽게 전달하고 싶을 때 자주 사용됩니다. 예를 들어, I hope you don't take this the wrong way. I liked the show you recommended, but the ending wasn't good.이라고 하면, 추천받은 공연이 좋았다는 긍정적인 피드백을 먼저 주면서도, 결말이 아쉬웠다는 솔직한 의견을 부드럽게 전달할 수 있어요. 이런 표현은 대화를 원활하게 이어가면서도 상대방과의 관계를 배려하는 데 적합해요.

주의하세요!

No offense는 가벼운 표현으로 웃음을 줄 수 있는 **농담에서 자주 사용**돼요. 예를 들어, No offense, but you're surprisingly good at misunderstanding me.(기분 나쁘게 듣지 마, 근데 넌 정말 내가 말하는 걸 오해하는 데 놀라울 정도로 능숙해.) 같은 식으로 사용하면 유머러스하게 들릴 수 있죠. 하지만 이 표현을 막 사용하면 **상대방에게 불쾌감**을 줄 수도 있어요. 예를 들어, No offense, but your singing is terrible.(기분 나쁘게 듣지 마세요, 하지만 당신은 노래를 못해요.)라고 하면, No offense라는 말을 덧붙였더라도 오히려 더 무례하게 들릴 수 있어요. 상대방이 상처받지 않기를 바라는 의도였다고 해도, 듣는 사람은 이를 **진심으로 받아들여** 기분이 상할 수도 있죠. 또한, 재미있는 점은 미국에서는 No offense, 영국에서는 No offence로 철자가 다르다는 거예요. 철자 차이를 기억해 두면 언어를 더 정확히 사용할 수 있겠죠?

73

지금 출발해요.

I'M DEPARTING NOW.

?

한국인들이 원어민보다 더 자주 사용하는 단어 중 하나가
depart입니다. 이 단어는 사전에서 '출발하다'에 해당하는
대표적인 영어 단어로 자주 등장하기 때문에 자연스럽게
선택되는 경우가 많아요. 하지만 문제는, 원어민들은
일상 대화에서 이 단어를 거의 사용하지 않는다는 점이에요.
depart는 **지나치게 격식 있는** 단어라서 일상적인 대화에서는
어색하거나 과장된 느낌을 줄 수 있어요.

사실 depart라는 단어는 특정한 맥락에서만 자연스럽게
쓰여요. 비행기나 기차 같은 교통수단의 **출발 시간표를 나타낼 때**가
대표적인 예죠. 예를 들어, The train departs at 7 PM.처럼
일정이 정해진 상황에서 적합해요. 또한 뉴스나 회사 발표 같은
공식적인 문맥에서도 사용돼요. The CEO will depart the company
next month.라는 문장은 격식 있는 느낌을 잘 전달해요.
하지만 친구나 동료와의 대화에서 이런 표현을 사용하면
너무 딱딱하거나 부자연스럽게 들릴 수 있어요.

그렇다면 **일상적인 대화**에서는 어떻게 말하는 것이
자연스러울까요? 가장 간단한 대안은 leave예요. 예를 들어,
"지금 출발해요"를 영어로 표현할 때 I'm leaving now.라고 하면
돼요. 이 표현은 직관적이고, 거의 모든 상황에서
사용할 수 있어서 매우 유용해요. 만약 조금 더 캐주얼한 느낌을
원한다면 head out을 사용할 수 있어요. I'm heading out now.는
"지금 막 나가려고 해요"라는 뉘앙스를 전달하며, 친
구 사이에서는 더 자연스럽게 들려요.

이 외에도 맥락에 따라 다양한 표현이 가능해요.
곧 출발할 예정이라면 I'm about to leave.라고 할 수 있고,
이미 출발한 상황이라면 I just left.나 I'm on my way.가 적합해요.
특히 I'm on my way.는 가장 일상적이고 간단하게
'가는 중이에요'를 표현할 수 있는 표현이에요.

상황을 조금 더 구체적으로 전달하고 싶다면, I just left the café.
(방금 카페에서 나왔어요)처럼 출발 지점을 명시하면 돼요.
언어는 단순히 단어를 고르는 게 아니라, 그 단어로 상대방과
어떻게 소통할지 생각하는 과정이에요. 너무 딱딱하거나
거리가 느껴지는 표현보다는, 더 자연스럽고 가까이
다가갈 수 있는 단어를 선택해 보세요.

I'm leaving now.
'지금 출발합니다.' (가장 일반적이고 자연스러운 표현)

I'm heading out now.
'지금 막 나가려고 해요.' (조금 더 캐주얼한 표현)

I'm about to leave.
'이제 곧 나갈 거예요.' (곧 출발할 예정이라면 적합한 표현)

I just left.
'방금 나왔어요.' (이미 출발한 상황을 나타내는 표현)

I'm on my way.
'가는 중이에요.' (가장 일상적이고 간단한 표현)

주의하세요!

depart는 어디로부터 떠난다는 의미가 강하고, 보통 **일정이 정해진 공식적인 출발**을 나타낼 때 사용돼요. 주로 비행기나 기차 같은 교통수단에서 많이 쓰이죠. 반면에 leave는 훨씬 더 일상적인 의미를 가지고 있어요. **정해진 시간보다는 단순히 장소를 떠난다는 행동에 더 초점**이 맞춰져 있어요. 예를 들어, I'm leaving the office now.(지금 사무실을 떠나요)처럼 말할 수 있죠. 이 표현은 그냥 지금 떠난다는 사실만 전달할 때 사용됩니다. 쉽게 말해, depart는 정해진 시간에 맞춰 출발할 때 쓰이고, leave는 일상에서 출발한다는 일반적인 행동을 표현할 때 더 자연스럽습니다.

I'm
about *to*
leave.

74

내 핸드폰 어디 있지?

WHERE'S MY HAND PHONE?

?

한국에서 흔히 사용하는 전자 제품 용어들이 영어권에서는
조금 다르게 쓰인다는 걸 알고 계셨나요?

먼저, **'핸드폰'!** 한국에서 '핸드폰'은 휴대전화를 부르는
가장 일반적인 말이죠. 그런데 영어권에서는 **cell phone이나
mobile phone**이라고 부릅니다. 미국과 캐나다에서는
cell phone이라는 표현을 주로 쓰는데, 여기서 cell은
배터리 셀에서 온 말이에요. 반면, 영국, 호주, 뉴질랜드에서는
mobile phone이라는 표현이 더 흔하죠.
mobile은 그 기기의 이동성을 강조한 표현이에요.
미국 친구에게 "핸드폰이 어디 있지?"라고 묻고 싶다면
Where's my cell phone?이라고 말해보세요!
영국 친구라면 Where's my mobile phone?이 더 자연스럽겠죠.

그리고 **'에어컨'!** 한국에서는 air conditioner를 줄여서
'에어컨'이라고 부르지만, 영어에서는 보통 **air conditioner라고
그대로 말하거나 간단하게 AC**라고 줄여 부릅니다.
더운 여름에 친구에게 "에어컨 좀 틀어줘!"라고 말하려면
Let's turn on the AC!라고 해야 빨리 알아듣고 틀어줄 거예요.

마지막으로 **'노트북'** 이야기를 해볼게요. 한국에서 '노트북'이라고
부르는 것은 사실 notebook computer에서 온 표현인데,
영어권에서는 laptop이라는 말을 더 자주 사용해요.
laptop은 무릎(lap)에 올려놓고 사용할 수 있다는 의미에서
온 단어예요. 그래서 새 노트북이 필요할 경우 영어로
I need a new laptop.이라고 표현해야 쉽게 이해가 돼요.
만약 여러분이 notebook이라고 하면 영어권 사람들은
'종이로 된 노트'를 떠올릴 수 있어 조금 혼동할 수도 있어요.

My cell phone is almost dead. I need to charge it.

내 핸드폰 배터리가 거의 다 됐어. 충전해야 해.

Can you turn on the AC? It's too hot in here.

에어컨 좀 켜줄래? 여기 너무 더워.

My laptop is too slow. I need a new one.

내 노트북이 너무 느려. 새로 하나 사야겠어.

주의하세요!

한국어에서 '노트'는 여러 종류의 기록 도구를 모두 포함하는 포괄적인 단어로 사용되지만, 영어에서는 이걸 더 **구체적으로 나눠서 부르는 걸 선호**해요. 보통 notebook은 그냥 **일반적인 공책**, planner는 **일정을 관리하는 플래너**, 그리고 diary는 **개인적인 기록을 남기는 다이어리**를 의미하죠. 영어에서는 이렇게 필요한 상황에 맞게 딱딱 맞는 단어를 고르는 게 일반적이랍니다.

한편, 영어에서 note는 두 가지 의미로 사용돼요. 첫 번째는 **짧은 메모나 간단한 정보**를 뜻해요. 예를 들어, 수업 시간에 친구에게 작은 쪽지를 건넸다가 선생님께 들켜서 크게 읽히지 않기를 바랐던 적이 있나요? 그런 쪽지가 바로 notes예요.

또한, 공부하거나 강의를 들을 때, 혹은 비즈니스 회의 중에 **중요한 내용을 정리한 기록**도 notes라고 해요. 예를 들어, 강의를 놓쳤을 때 친구에게 Can I borrow your notes from yesterday's class?(어제 수업 필기 좀 빌려줄 수 있어?)라고 물을 수 있고, 회의 중이라면 비서에게 Can you take notes?(회의록 좀 작성해 줄 수 있어?)라고 부탁할 수도 있어요.

Where's my **ceLL PHone?**

75

강아지를 키우고 있어요.

I RAISE A DOG.

수업 중에 학생들이 서로 대화를 나누고 있었습니다.
주제는 반려동물이었죠. 그러다 한 학생이 I want to raise a dog
someday.라고 말하는 순간 멈칫하게 되었어요.
원어민 입장에서는 raise a dog라는 표현이 약간 부자연스럽게
들리거든요. 영어에서는 raise라는 단어를
반려동물에 사용하는 일이 거의 없기 때문이에요.
raise는 주로 **아이를 키우는 과정**을 설명할 때 쓰는 단어예요.
예를 들어, We're raising a daughter. (우리는 딸을 키우고 있어요)처럼
아이를 돌보고, 교육하며, 성장시키는 전반적인 과정을 나타낼 때
자연스럽죠. 또 농장에서 **가축을 기를 때**도 사용되는데요,
They raise chickens for eggs. (그들은 달걀을 위해 닭을 기릅니다) 같은
문장이 이에 해당돼요. raise라는 단어는 돌봄 이상의
책임감과 체계적인 양육을 연상시키는 단어라서,
반려동물과는 잘 어울리지 않아요.
영어에서는 반려동물에 대해 말할 때 have라는 단어를 사용하는
것이 훨씬 자연스러워요. I have a dog. (저는 강아지를 키워요) 혹은
미래에 대한 이야기를 한다면, I'd love to have a dog someday.
(저는 언젠가 강아지를 키우고 싶어요)처럼요.
이런 표현은 강아지가 가족의 일원으로 함께 지낸다는 느낌을
잘 전달하면서도, 지나치게 딱딱하거나 어색하지 않아요.
조금 더 명확하게 이해하기 위해 예문을 하나 더 살펴볼까요?
I had two cats when I was growing up.
(제가 자랄 때 고양이 두 마리를 키웠어요) 이 문장에서 have는 단순히
'함께 지냈다'는 의미를 전달하면서, 고양이가 가족의 일부였다는
뉘앙스를 담고 있어요. 반대로 raise를 쓴다면,
마치 고양이들을 학교에 보내거나 체계적으로 양육했다는
느낌을 줄 수 있어 반려동물의 맥락에서는 그다지 어울리지 않죠.

이처럼, 단어 하나에도 맥락과 문화적인 뉘앙스가 담겨 있다는 점을 이해하는 것이 중요해요. have는 반려동물을 가족의 일부로 자연스럽게 표현하는 데 가장 적합한 단어랍니다.

주의하세요!

한국어에서는 "반려동물을 키우고 있어요"라고 현재진행형으로 말하는 것이 자연스럽지만, 영어로 I'm having a pet.이라고 하면 **어색하게** 들립니다. have는 현재진행형으로 사용하지 않고, **단순 현재형을 사용해** I have a pet.이라고 말해야 자연스러워요. 이 표현은 **반려동물과 함께 살고 있다**는 의미로 사용됩니다.

반면에, raise 동사를 사용할 때는 **현재진행형**이 더 자연스럽습니다. 예를 들어, I'm raising a son.(저는 아들을 키우고 있어요)처럼 말하는 것이 일반적입니다. 단순 현재형인 I raise a son.은 거의 사용되지 않으며, **현재진행형으로 양육 과정을 표현**하는 것이 맞습니다.

76

어디에서 내려요?

WHERE DO YOU GET OFF?

?

지인과 전철이나 버스를 탔을 때 자연스럽게 "어디에서 내리세요?"라고 묻는 경우가 있죠. 영어로 이런 질문을 하고 싶을 때 어떤 표현이 적합할까요? 한번은 친구가 저에게 어느 역에서 내리냐고 물으면서 Where do you get off?라고 말한 적이 있었어요. 이 문장은 문법적으로는 맞지만, 원어민들에게는 상황에 따라 어색하게 들릴 수 있어요. Where do you get off?는 현재형을 사용한 표현이에요. 이 때문에 대화의 맥락이 **'지금'**이 아니라 상대방이 **'평소에'** 주로 내리는 곳에 대해 묻는 것처럼 느껴질 가능성이 있어요. 예를 들어, "집에 갈 때 보통 어느 정류장에서 내려요?"라는 일반적인 질문으로 해석될 수 있죠. 하지만 지금 같이 이동 중인 상황에서는 현재 진행형을 사용해 **Where are you getting off?**라고 말하는 것이 더 자연스럽습니다.

이 표현은 **'이번에 어디에서 내릴 예정인지'**를 묻는 의미로, 지금 상황과 더 잘 맞아떨어져요.

함께 버스를 타고 가는 중이라면 이렇게 말할 수 있어요. Where are we getting off? (우리 어디에서 내려요?) 목적지를 모르는 상황이라면 Where should I get off? (어디에서 내려야 해요?)라는 표현도 자주 사용돼요.

Where do you get off?라는 표현은 회화에서 대중교통에서의 의미를 넘어 전혀 다른 용도로도 사용되고 있어요. 이 문장은 시간이 지나면서 대중교통과는 무관하게 상대방의 행동이 부적절하거나 지나쳤다고 느낄 때 이를 **비판하는 표현**으로 발전했어요.

그래서 지금은 "네가 어디서 그런 행동을 할 권리를 얻었느냐?" 혹은 "어떻게 감히 그런 행동을 하느냐?"라는 뜻으로 쓰이는 경우가 많습니다.

예를 들어, Where do you get off telling me what to do?
(어떻게 감히 나한테 이래라저래라 해?), Where do you get off acting
like you own the place? (어떻게 감히 네가 이곳 주인인 것처럼 행동해?)
와 같이 말이죠.

이처럼 Where do you get off?는 대중교통과 관련된 단순한
질문으로 시작했지만, 지금은 상대방의 행동을 비판하거나
따지는 뉘앙스로 더 자주 사용되고 있어요. 그렇기 때문에
대중교통 상황에서 이 표현을 사용한다면 오해를 살
가능성이 있으니, Where are you getting off?처럼 진행형을
사용하는 것이 훨씬 안전하고 자연스럽겠죠?

결국, 언어는 맥락이 중요하다는 걸 보여주는 좋은 예라는 생각이
들어요. 같은 문장이라도 상황에 따라 완전히 다른 의미를
가질 수 있거든요. 이런 미묘한 차이를 이해하는 것이 영어를
자연스럽고 정확하게 사용하는 데 큰 도움이 될 거예요.

주의하세요!

영어에서 대중교통 관련 질문을 할 때, 전치사를 빠뜨리는 경우가 종종 있어요. 특히 what이나 which가 명사를 꾸며줄 때는 **전치사를 포함하는 것**이 중요해요. 예를 들어, What stop are you getting off at?(어느 정류장에서 내리세요?)에서는 what이 stop을 꾸며주고 있는데, 이때 전치사 at을 포함해야 자연스럽고 정확한 표현이 돼요.

만약 What stop are you getting off?라고 전치사를 빼면 문법적으로 틀리고 어색하게 들릴 수 있어요. 같은 맥락에서, Which station are we getting off at?(우리는 어느 역에서 내려요?)에서도 which가 station을 꾸며주고 있기 때문에 전치사 at을 생략하면 어색하거나 잘못된 표현이 돼요.

Where are you
getting
OFF?

77

이해하셨어요?

CAN YOU UNDERSTAND?

여러분, 가끔 Can you understand?라는 표현을 사용하는 경우가 있죠? 이 문장은 한국어의 "이해하셨어요?"를 잘 직역한 것 같지만, 사실 영어에서는 약간 어색하게 들려요. Can you understand?라고 하면 **상대방의 이해할 능력 자체를 묻는 것**처럼 느껴질 수 있기 때문이에요. 마치 '이해할 수 있는 능력이 있나요?'라는 뉘앙스를 줄 수 있죠. 그렇다면 이런 상황에서는 어떻게 표현하는 것이 더 자연스러울까요? Do you understand?라는 표현이 훨씬 적합합니다. 여기서 중요한 차이는 **You...?는 능력을 묻는 반면, Do You...?는 지금 이 상황에서 이해하고 있는지를 묻는다**는 점이에요. 하지만 Do you understand?도 상황에 따라 약간 직설적으로 들릴 수 있어요. 상대방이 '내가 이해를 못 하고 있다고 생각하나?'라고 느낄 수도 있죠. 예를 들어, 설명 중에 Do you understand it?이라고 묻는다면, 다소 압박감을 줄 수도 있어요. 한국어로 치면 "알아듣겠어?" 같은 느낌이랄까요? 대화에서 더 부드럽고 자연스럽게 표현하려면, 상대방의 이해력을 직접 묻기보다는 **내 설명이 잘 전달되었는지 확인하는 방식**이 좋습니다. 이때 사용할 수 있는 표현이 바로 Am I making sense? 또는 Does that make sense?입니다. 이 표현들은 상대방을 불편하게 하지 않으면서도 내가 한 설명이 명확했는지 물어볼 수 있는 좋은 방법이에요. 비슷한 뉘앙스의 표현으로는 Is everything clear?, Are you following me? 등이 있지만, 이것들도 다소 직설적으로 들릴 수 있어요. 더 부드럽게 표현하고 싶다면, Stop me if anything's unclear.처럼 상대방이 편안하게 질문할 수 있도록 배려하는 표현을 사용하는 것도 좋습니다.

참고로, Do you get it?이라는 표현도 있는데요, 이건 주로 **농담에 대해 상대방이 그 핵심을 이해했는지 물어볼 때** 자주 쓰입니다. 예를 들어, I'm on a seafood diet. I see food, and I eat it. …Do you get it?(나 해산물 다이어트 중이야. 음식을 보면 먹는 거야. …이해했어?) 처럼요. 하지만 일반적인 대화에서는 약간 가벼운 느낌을 줄 수 있으니 신중하게 사용하는 것이 좋아요.

정리하자면, Do you understand?, Is everything clear?, Are you following me? 같은 표현은 주로 선생님이 수업 중에 학생들에게 묻거나 상사가 지시를 확인할 때 사용하는 경우가 많습니다. 일상 대화에서는 **Am I making sense?나 Does that make sense?처럼 더 부드럽고 배려 있는 표현을 사용** 하는 것이 상대방에게 좋은 인상을 줄 수 있습니다.

주의하세요!

영어에서 Can you...?같은 표현은 상대방에게 다소 직접적으로 들릴 수 있어요. 왜냐하면 Can이라는 단어가 기본적으로 <u>능력이나 가능성을 묻는 의미</u>를 담고 있기 때문에, Can you pass me the salt?는 '소금을 건넬 수 있는 능력이 있나요?'처럼 들릴 수 있어요. 물론 일상 회화에서는 그렇게까지 딱딱하게 받아들여지지는 않지만, 여전히 **명령하거나 부탁을 강하게 요구하는 느낌**이 들 수 있어요. 특히, 영어권에서는 상대방에게 명령하는 듯한 표현을 사용하는 것을 피하는 경우가 많기 때문에, Can you...?는 가끔 지나치게 직접적으로 들릴 수 있어요.

그 대신, 더 공손하고 부드럽게 들리도록 <u>Could you...?나 Would you mind...? 같은 표현</u>을 사용하는 것이 좋아요. 예를 들어, Could you pass me the salt?라고 하면 상대방에게 여지를 주는 표현이라, 더 공손하게 들려요. 이때 Could는 상대방의 능력보다는 의지나 가능성에 더 중점을 두고 있기 때문에, 상대방에게 부담을 주지 않고 자연스럽게 요청할 수 있는 방식이에요. 또한, Would you mind passing me the salt?라는 표현은 상대방에게 좀 더 선택권을 주는 느낌을 주기 때문에 훨씬 더 배려심 있게 들려요. 이 질문은 상대방이 불편하지 않다면 도움을 줄 수 있겠냐는 의미를 담고 있어서, 굉장히 정중한 방식이에요.

Am I **making** *sense?*

78

락 음악을 좋아해요.

I LIKE
ROCK MUSIC.

?

여러분, 영어로 무언가를 좋아한다고 말할 때 가장 먼저
떠오르는 표현이 뭐죠? 아마도 I like...일 거예요. 영어를 배울 때
가장 기본적으로 배우는 표현이기도 하고, 실제로도
자주 사용되니까요. 예를 들어, I like pizza., I like rock music.
처럼요. 저도 처음 한국어를 배울 때 사람들이 "좋아해요"라는
말을 정말 자주 쓰는 걸 보고, 영어로도 자연스럽게
I like...를 많이 사용하게 됐어요.

그런데 영어에서는 I like...만으로는 감정의 강도나 뉘앙스를
충분히 전달하기 어렵다고 느껴질 때가 있어요.
영어권에서는 **세밀한 감정의 차이를 표현**하는 걸 중요하게
생각하기 때문에, 같은 '좋아한다'는 감정을 더 다양하고
풍부하게 표현하는 경향이 있어요. 예를 들어, 한국어로도
"좋아해요" 대신 "엄청 좋아해요", "완전 빠졌어요" 같은
표현을 쓰면 감정이 더 잘 드러나는 것처럼요.

예를 들어, 누군가가 좋아하는 음악 장르를 물어봤을 때,
I like rock music.이라고 대답할 수도 있지만, 이렇게만 말하면
조금 심심하게 들릴 수 있어요. 영어 원어민들은 감정을
표현할 때 더 열정적이고 생동감 있게 말하는 걸 선호해요.
예를 들어 I'm really into rock music.이라고 말하면
단순히 '좋아한다'는 걸 넘어서, **푹 빠져 있다는 생생한 인상**을
줄 수 있어요. 이렇게 표현을 바꾸면 감정이
상대방에게 더 강렬하고 명확하게 전달되죠.

또 다른 예로, I'm a big fan of Stephen King.이라고 하면 단순히
좋아한다는 걸 넘어서, **엄청난 팬이라는 느낌**을 전달할 수 있어요.
이는 한국어에서 "저 그 사람 완전 팬이에요"라고 말하는 것과
비슷한 뉘앙스예요. 만약 정말 무언가에 깊이 빠져 있다면,
I can't get enough of Coldplay.라는 표현도 사용할 수 있어요.

이 말은 "아무리 들어도 질리지 않는다"는 뜻으로, 정말 강렬한 감정을 전달하는 데 효과적이에요. 여러분의 감정을 상대방에게 생동감 있게 전달하는 게 중요한 이유는, 대화를 단순한 정보 교환이 아니라 **감정과 공감을 나누는 기회**로 만들 수 있기 때문이에요. 그러니 앞으로. 누군가 What kind of music do you like?라고 물어본다면, 그냥 I like indie music.이라고 답하는 대신, I'm really into indie music these days.라고 말해보세요. 이렇게 하면 상대방이 여러분의 취향을 더 강렬하게 느낄 수 있어요. 그리고 대화를 풍부하게 이어가고 싶다면, 상대방에게도 비슷한 질문을 던져보세요. 예를 들어, What actors are you into?(어떤 배우를 좋아하세요?)나 Are you a big fan of any musicians?(좋아하는 뮤지션 있으세요?)처럼요. 이처럼 I like...에 머물지 않고 다양한 표현을 시도해보면, 대화가 훨씬 자연스럽고 풍부해져요.

주의하세요!

be into someone이라는 표현은 두 가지로 해석될 수 있다는 점을 꼭 기억해야 해요. 하나는 배우나 가수처럼 어떤 사람의 작품이나 활동에 깊은 관심을 가진다는 뜻이고, 또 다른 하나는 **이성적인 관심을 표현**할 때 사용하는 의미예요. 이 표현을 잘못 사용하면 듣는 사람이 오해할 수 있기 때문에, 상황에 맞게 조심스럽게 써야 해요.

예를 들어, He's really into me.라는 표현은 친구로서의 관심을 뜻하는 게 아니라, **이성적인 관심이 있다**는 의미로 받아들여져요. 마찬가지로, I'm not that into her.이라고 하면 그 사람의 취미나 성격에 관심이 없다는 뜻이 아니라, **이성적인 감정이 없다**는 의미가 되는 거예요.

그래서 be into someone은 평소 대화에서 조금 조심해서 사용하는 게 좋아요. 상대방이 의도치 않게 이성적인 의미로 받아들일 수 있거든요. I'm into... 대신에 I'm a fan of...나 I really admire...같은 표현을 사용하면 오해 없이 감정을 전달할 수 있어요.

 I'm really into *rock music.*

79

요즘 무슨 드라마 보세요?

WHAT DRAMAS ARE YOU WATCHING THESE DAYS?

어느 날 수업 중에 학생들이 영어로 대화를 나누는데, 한 학생이 이렇게 말하는 걸 들었어요. What dramas are you watching these days?(요즘 어떤 드라마를 보고 계세요?) 이 표현은 영어 원어민 입장에서는 조금 어색하게 들리는데요, 왜 그럴까요?

영어에서 drama라는 단어는 여러분이 생각하는 '드라마 전체'를 의미하지 않고, **특정 장르를 가리키는 경우**가 많기 때문입니다. TV 프로그램을 보면 다양한 장르가 있잖아요.

Adventure (어드벤처), Fantasy (판타지), Horror (공포), Mystery (추리), Comedy (코미디), Thriller (스릴러), 그리고 Drama (드라마) 같은 장르들이요. 여기서 Drama는 **인간의 감정과 관계를 섬세하게 다루는 이야기**, 즉 특정한 유형의 장르를 뜻해요.

그래서 What dramas are you watching?(요즘 어떤 드라마를 보고 계세요?) 이라고 물으면 상대방은 '왜 특정 장르만 묻는 걸까?'라고 생각할 수도 있어요. 한국어의 '드라마'가 단순히 하나의 장르가 아니라 TV에서 방영되는 **연속극을 통칭**하는 것과는 차이가 있는 거죠.

이 차이를 이해하면 영어로 '드라마'를 표현할 때 drama 대신 **TV show나 show**라는 단어를 사용하는 게 훨씬 자연스럽다는 걸 알 수 있어요. What shows are you watching these days? (요즘 무슨 프로그램을 보고 계세요?)라고 물으면 상대방은 자신이 보는 TV 프로그램에 대해 자유롭게 이야기할 수 있고, 대화도 훨씬 부드럽게 이어질 수 있죠.

사실, 더 자연스럽게 대화를 시작하고 싶다면 **질문을 조금 넓은 범위**로 던지는 것도 좋은 방법이에요. 예를 들어, What are you watching these days?(요즘 뭐 보고 계세요?)라고 물으면 드라마뿐 아니라 영화, 다큐멘터리, 예능 등 다양한 콘텐츠에 대해 답할 수 있어요.

이렇게 대화의 범위를 넓히면 상대방이 더 편안하게 자신의 취향을 공유할 가능성이 높아지죠. 조금 더 캐주얼한 분위기를 원한다면 Watch anything good recently?(최근에 재미있는 거 봤어?) 같은 표현도 좋아요. "최근에 재미있는 거 봤어?"라는 느낌으로, 상대방이 부담 없이 대화를 이어갈 수 있도록 열어주는 표현이에요.

결국, 한국어에서는 자연스러운 질문이 영어에서는 의도치 않게 다르게 해석될 수 있다는 점을 이해하고, drama 대신 show를 사용하거나, 더 넓은 범위의 질문을 던지는 것이 중요해요. 간단히 표현을 바꾸는 것만으로도 대화가 훨씬 부드럽고 자연스러워지고, 상대방의 대답도 더 풍부해질 수 있으니까요. 다음에 이런 질문을 하게 될 땐 What shows are you watching these days?(요즘 무슨 프로그램 보고 계세요?)나 What are you watching these days?(요즘 뭐 보고 계세요?)처럼 표현해보세요. 대화가 훨씬 더 자연스럽고 즐거워질 거예요.

주의하세요!

미국에서는 **TV show**, 영국에서는 **programme**이라는 단어를 더 자주 사용해요. 예를 들어, 미국 사람은 What TV shows are you watching these days?(요즘 무슨 TV 프로그램 보고 있어?)라고 물을 확률이 높지만, 영국 사람은 What programmes are you watching these days?(요즘 어떤 프로그램 보고 있어?)라고 말할 가능성이 더 높아요. 미국에서는 This is my favorite TV show.(이건 내가 제일 좋아하는 TV 프로그램이야)라고 말하지만, 영국에서는 This is my favourite programme.이라고 말해요. 이렇게 지역마다 표현이 다를 수 있기 때문에, 자신이 배우고자 하는 영어권 지역에서 흔히 쓰이는 표현을 익히는 것이 중요해요.

What **shows**
are you watching
these days?

80

곧 연락할게.

I WILL CONTACT YOU SOON.

?

한국어로 대화를 할 때 흔히 '컨텍'이라는 말을 많이 쓰죠.

그래서인지 영어로 말할 때도 자연스럽게 contact이라는 동사를

자주 사용하는 경향이 있어요. 예를 들어,

What's the best way to contact you?(당신에게 연락하기 가장 좋은 방법은

무엇인가요?) 같은 문장이 그렇죠. 하지만 여기서 잠깐!

영어에서는 contact보다는 **reach**라는 동사가

일상 대화에서 훨씬 더 많이 사용된답니다.

즉, 같은 질문이라도 What's the best way to reach you?라고

하면 더 원어민스럽게 들려요.

그렇다고 해서 contact이 틀린 표현은 아니에요.

다만, contact은 주로 **비즈니스 상황이나 격식을 차린 환경**에서

더 많이 사용돼요. 예를 들어, We'll contact you after we've

reviewed your application.(신청서를 검토한 후 연락드리겠습니다) 같은

문장처럼요. 이런 경우에는 이메일이나 전화번호 같은

공식적인 연락 방식을 이야기할 때 적합하죠.

하지만 친구나 가족 같은 가까운 사람들과 일상적으로

대화할 때는 contact보다는 더 자연스럽고 따뜻하게

들릴 수 있는 표현을 사용하는 게 좋아요.

예를 들어, 친구에게 '연락할게'라고 말하고 싶을 때

I'll contact you.라고 하면 조금 딱딱하게 들릴 수 있어요.

대신, I'll talk to you soon.(곧 얘기하자) 같은 표현이 훨씬

부드럽고 친근하게 느껴지죠.

또 다른 예로, 누군가에게 집에 도착하면 연락해달라고

하고 싶을 때, Contact me when you get home.이라고 하면

약간 격식을 차린 느낌을 줍니다. 이럴 때는

Message me when you get home.(집에 도착하면 메시지 보내줘)처럼

더 **캐주얼한 표현**을 쓰는 게 어울려요.

결론적으로, 공식적인 비즈니스 이메일이나 직장 내 소통에서는 contact을 쓰는 것이 적합하지만, 친구, 가족, 혹은 일상적인 대화에서는 reach, talk to, message 같은 표현을 선택하면 훨씬 더 원어민스럽게 들릴 수 있어요.

주의하세요!

한국어에서는 '컨택할게'처럼 contact을 동사로 자주 쓰는 경향이 있지만, 사실 영어에서는 contact이 **명사로도 자주 사용돼요.** 특히 **'연락처'라는 의미**로 많이 쓰이죠.

예를 들어, 긴급 연락처를 요청할 때 Please provide your emergency contact.(긴급 연락처를 제공해 주세요)처럼 사용할 수 있어요. 또, information 과 함께 Can you give me your contact information?(연락처 좀 알려 줄 수 있어?)처럼 상대방의 연락처를 물어볼 때, I'll send you my contact information via email.(내 연락처 정보를 이메일로 보낼게)처럼 자신의 연락처를 공유할 때도 사용되죠.

그런데 contact이 명사로 쓰일 때 또 다른 의미가 있다는 거, 알고 있었나요? 어떤 **회사나 조직에서 아는 사람**을 뜻하기도 해요. 예를 들어, I have a contact in the White House.(나는 백악관에 아는 사람이 있어) 또는 Did you talk to your contact at the Australian embassy?(호주 대사관에 있는 네 연락 담당자와 이야기했어?)처럼 말할 수 있어요. 하지만 이런 표현은 첩보 영화나 액션 영화에서나 자주 들리는 표현이라 일상에서는 잘 쓰지 않아요. 일상적으로는 I know someone at the Australian embassy.(나는 호주 대사관에 아는 사람이 있어) 처럼 말하는 게 훨씬 더 자연스러워요.

이처럼 contact은 단순히 '연락하다'라는 동사뿐만 아니라 '연락처', '연줄'이라는 뜻의 명사로도 다양하게 쓰인다는 점, 기억해 두면 좋아요.

I'll talk *to you* **soon.**

81

뭐라고 하셨죠?

WHAT DID YOU SAY?

시끄러운 카페나 붐비는 거리처럼 소음이 많은 환경에서 대화를
나누다 보면, 상대방의 말을 놓치는 일이 생기곤 해요.
이런 상황에서 한국어로는 자연스럽게 "뭐라고 하셨죠?"라고
다시 물을 수 있어요. 하지만 영어로 이 표현을 직역해
What did you say?라고 말하면, 의도와는 다르게 공격적으로
들릴 수 있어요. What did you say?라는 표현은 원어민들에게는
마치 "뭐라고? 네가 뭐라고 했다고?"와 같은
따지는 뉘앙스를 줄 수 있기 때문이에요.
특히 강한 억양으로 말하면 상대방이 방어적인 태도를 취할 수도
있어요. 누군가 무례한 말을 했다고 느꼈을 때 화난 어조로 What
did you say?라고 묻는 장면이 흔히 떠오르기 때문에, 의도치
않게 오해를 살 수 있는 표현이에요. 그래서 상대방의 말을
놓쳤을 때는 더 **부드럽고 정중한 표현**을 사용하는 것이 중요해요.
예를 들어, Sorry, could you say that again?이라는 표현은
기본적이면서도 **정중하게 들리는** 좋은 선택이에요. 이 문장은
"죄송한데, 다시 말씀해 주시겠어요?"라는 뜻으로, Sorry라는
단어로 시작해 상대방에게 부드럽고 예의 바르게 들려요. 또 다른
표현으로는 Pardon me?가 있어요. 이 표현은 간결하면서도
정중하게 들리며, "뭐라고 하셨죠?"라는 의미를 전달해요.
더 캐주얼하게 접근하고 싶다면 Sorry, I didn't catch that.도 좋은
선택이에요. 이 표현은 "죄송해요, 잘 못 들었어요."라는 뜻으로,
친구나 동료와의 일상적인 대화에서 부담 없이 사용할 수 있어요.
영어에서는 한국어와 달리 존댓말과 반말로 공손함을 구분하지
않아요. 대신 **문장의 구조, 어조, 그리고 단어 선택**을 통해 공손함을
표현해요. 예를 들어 위의 예에서는 **조동사를 활용한 어조**로
공손함을 표현했지만, 같은 요청이라도 **문장을 어떻게 구성**
하느냐에 따라 상대방에게 주는 인상이 크게 달라질 수도 있어요.

단순한 명령문인 Repeat that.(그거 다시 말해)은 직설적이고

무례하게 들릴 수 있어요. 반면, Could you repeat that, please?

(다시 말씀해 주시겠어요?)는 질문 형태로 변환해

훨씬 부드럽고 정중한 느낌을 줘요. 더 나아가

If it's not too much trouble, would you mind repeating that?

(폐가 되지 않는다면, 다시 말씀해 주실 수 있을까요?)처럼 조건문을 사용하면

상대방이 더욱 편안하게 느낄 수 있죠.

결론적으로, 상대방의 말을 놓친 상황에서는 부드럽고

정중한 표현을 사용하는 것이 대화의 분위기를 유지하는 데

매우 중요해요. 다음에 비슷한 상황이 생긴다면,

Sorry, could you say that again?이나 Pardon me?처럼

완곡한 표현을 사용해 보세요. 작은 차이가

대화의 분위기를 크게 바꿀 수 있어요.

주의하세요!

Pardon me?와 Excuse me?는 비슷해 보이지만, 실제로는 아주 **다른 상황
에서 쓰이는 표현**이에요. 먼저 Pardon me?는 상대방의 말을 놓쳤을 때 **공손하
게 다시 물어볼 때** 사용하는 표현이에요. 예를 들어, 대화 중에 잘 듣지 못했을 때,
Pardon me?라고 하면 "다시 한 번 말씀해 주시겠어요?"라는 뜻으로, 상대방이
불쾌하지 않도록 예의 바르게 대화를 이어가는 느낌을 줍니다.

반면에, Excuse me?는 상황이 좀 달라요. 이 표현은 상대방이 **무례하거나 공격
적인 말을 했다고 느낄 때** 사용해요. 마치 "방금 뭐라고 했어요?"처럼, 상대방의 말
을 **의심하거나 바로잡고 싶을 때** 쓰죠. 그래서 Excuse me?는 조금 방어적인 느
낌이 들 수 있어요. 이 표현은 상황에 따라 상대방에게 강하게 들릴 수 있으니 주의
가 필요해요.

Pardon me? I didn't catch that. 뭐라고 하셨죠? 잘 못 들었어요.

Excuse me? What do you mean by that? 뭐라고요? 그게 무슨 뜻이죠?

Could you
say that *again?*

82

잠깐 기다려 주세요.

PLEASE WAIT.

수업 중에 학생들과 주문 상황을 롤 플레이하다 보면,
직원이 손님에게 Please wait.이라고 말하는 장면을 종종
보게 돼요. 겉으로 보기엔 별 문제가 없어 보일 수 있지만,
실제 영어의 언어 습관과는 다소 차이가 있어요.
그 차이는 무엇일까요?
미드를 보거나 영어권 대화를 살펴보면, 단순히 Please wait.처럼
명령형으로 요청하고 끝나는 대신 **기다려야 하는 이유와 상황**을
함께 설명하는 방식이 자주 사용된다는 것을 알 수 있어요.
이 방식은 단순한 요청을 넘어, 상대방이 요청의 맥락을
이해하도록 돕고, 기다림을 덜 불편하게 느끼게 만들어줘요.
예를 들어, 손님이 기다려야 하는 상황에서는 이렇게
말할 수 있어요. Your table will be ready soon.
Please have a seat while you wait. 이 문장은
기다림에 대한 이유(Your table will be ready soon)와 기다리는
동안 할 수 있는 대안(Please have a seat)을 제시하고 있어요.
단순히 "기다려 주세요"라고 말하는 것보다
상대방의 상황을 배려하는 느낌을 주고,
기다림을 긍정적으로 받아들이게 만들어 주죠.
이런 표현 방식은 영어권 대화에서 널리 사용돼요. 예를 들어,
누군가에게 잠깐 멈추라고 요청할 때도
Let me check something really quick.과 같은 문장을 함께
사용하여 단순히 기다리라는 명령이 아니라, 왜 기다려야 하는지
를 함께 설명하는 식이죠. 이렇게 이유를 덧붙이면
요청이 더 부드럽고 자연스럽게 전달돼요.
사실, 이러한 언어 습관은 미국의 문화적 가치관에서
비롯된 거예요. **개인의 감정과 시간을 존중**하는 문화가 소비자 중심
의 서비스에서도 강하게 나타나는 것이라고 볼 수 있죠.

손님이 단순히 요청을 듣고 움직이는 대상이 아니라,
존중받고 있다는 느낌을 받게 하는 것이 커뮤니케이션의
핵심이에요. 그래서 직원들은 Please wait.처럼
명령형으로 끝나는 표현을 지양하고, 이유나 상황을
설명하는 방식을 사용하는 거예요.
같은 맥락에서 볼 수 있는 또 하나의 언어 습관은 **상대방의 선택권**
을 존중하는 것이에요. 미국인들은 언어를 통해 상대방이 자신의
시간과 행위를 통제할 수 있다고 느끼게 하는 방식도 선호해요.
예를 들어, You're welcome to wait here.(여기서 기다리셔도 괜찮습니다)
와 같은 표현은 손님에게 선택권을 주는 것처럼 들려
더 긍정적인 반응을 이끌어낼 수 있어요.
그러니 영어로 소통할 때는 내 용건만 짧게 말하는 방식이
아니라, 이유와 상황을 함께 설명하고 선택권을 존중하는
방식으로 말을 해보세요. 서비스 상황뿐만 아니라
일상에서도 이런 식으로 소통하면 훨씬 부드럽고
긍정적인 대화를 이끌어낼 수 있을 거예요.

주의하세요!

영어에서 Feel free는 **상대방의 선택권**을 존중하는 대표적인 표현이에요. 한국어
로는 '자유롭게 하세요'로 직역되지만, 일상에서 잘 쓰지 않기 때문에 약간 어색하
게 느껴질 수 있어요. 하지만 영어에서는 매우 자주 사용되며, 상대방에게 부담을
주지 않고 **원하는 대로 행동할 수 있는 선택권을 준다**는 점에서 유용한 표현이에
요. 예를 들어, Feel free to take a look around while you wait.라는 문장
은 기다리는 동안 상대방이 편하게 시간을 보낼 수 있도록 선택지를 제공하며 배
려심을 전달해요.

Your table will
be ready soon.
PLEASE WAIT.

83

부러워요!

I ENVY YOU!

한국어에서 '부럽다'는 가벼운 칭찬처럼 사용되죠? 하지만 이를 영어로 I envy you.라고 표현하면 원어민들에게는 다소 **부자연스럽게** 들릴 수 있어요. 왜냐하면 envy라는 단어는 단순히 긍정적인 부러움뿐만 아니라 **부정적인 질투의 의미도** 담고 있기 때문이에요. 영어에서 I envy you.는 상황에 따라 삐딱하게 해석될 수 있어요. 그래서 일상적인 대화에서는 You're so lucky!(넌 정말 운이 좋구나!)나 I'm so happy for you!(정말 축하해!) 같은 표현이 더 자연스럽고 긍정적으로 들려요.

물론 envy가 항상 부정적인 건 아니에요. 진지한 상황에서는 칭찬의 의미로도 사용할 수 있거든요. 예를 들어, I envy your ability to stay calm under pressure.(압박 속에서도 침착할 수 있는 당신의 능력이 부럽습니다) 같은 문장은 상대방의 능력을 존중하는 느낌을 줄 수 있어요. 하지만 친구가 새 차를 샀을 때 I envy you.라고 하면, '그래서 네가 질투가 나는데 어쩌라고?' 라는 반응을 불러내는 뉘앙스로 들릴 수도 있어요. 이럴 때는 That's awesome!(정말 멋져요!)이나 You deserve it!(넌 그럴 자격이 있어!) 같은 표현이 분위기를 훨씬 더 좋게 만들어줘요.

상황에 따라 **긍정적으로도, 부정적으로도 해석**될 수 있는 표현으로는 I'm so jealous!도 있어요. I'm so jealous!는 **가벼운 부러움이나 칭찬**을 표현할 때 많이 쓰여요. 특히 친한 친구나 가족 같은 가까운 관계에서 자연스럽게 사용돼요. 예를 들어, 친구가 하와이에 간다고 말하면, You're going to Hawaii? I'm so jealous!(하와이에 간다고? 정말 부럽다!)라고 할 수 있어요. 여기서는 상대방의 기회를 축하하고 부러움을 친근하게 표현하는 느낌을 줄 수 있어요.

하지만 어조나 맥락에 따라서는 I'm so jealous!가 부정적으로 들릴 수도 있어요. 특히 감정이 과도하게 표현되거나 상대방과의 관계가 덜 친밀한 경우에는 질투나 시샘으로 해석될 가능성이 있거든요. 예를 들어, Oh, you got a promotion? I'm so jealous! (아, 승진했다고? 나 정말 질투 나!)처럼 말하면, 듣는 사람이 삐딱하게 받아들일 수도 있어요. 이 표현을 더 안전하게 사용하려면 맥락을 명확히 하고 다른 긍정적인 표현을 함께 쓰는 게 좋아요.

예를 들어, I'm so jealous, but that's amazing! Congrats! (정말 부럽다, 근데 정말 대단해! 축하해!)라고 하면 단순한 부러움을 넘어 상대방의 성취를 진심으로 축하한다는 느낌을 줄 수 있어요. 결국, 영어에서 부러움을 표현할 때는 **단어 선택과 어조**가 중요해요. 상황에 따라 You're so lucky!나 I'm so happy for you! 처럼 명확히 긍정적인 표현을 사용하는 것도 좋은 방법이에요.

주의하세요!

"난 네가 부럽지가 않아"라는 표현은 영어로 **I don't envy you.**라고 할 수 있어요. 그런데 이 표현은 단순히 '부럽지 않다'는 의미뿐만 아니라, 상대방이 골치 아픈 일이나 짜증 나는 상황에 처해 있을 때 **'네가 그 일을 맡아서 힘들겠다'**라는 의미와 함께 <u>**'내가 아니라서 다행이다'**</u>라는 뜻을 내포할 수 있어요. 상대방의 상황에 대해 공감하면서도 <u>**약간의 안도감**</u>을 표현하는 것이죠.

A   I have to present in front of the whole company tomorrow. I'm so nervous. 내일 회사 전체 앞에서 발표해야 해. 너무 긴장돼.

B   Wow, I don't envy you! But you'll do great.
와, 난 네가 안 부럽다! 하지만 넌 잘할 거야.

하지만 이 표현은 **너무 무겁지 않은 상황**에서만 사용하는 것이 좋아요. 예를 들어, 누군가가 아주 힘든 일이나 극복하기 어려운 상황에 처해 있을 때 I don't envy you.라고 하면 무례하게 들릴 수 있어요. 그래서 심각하지 않은 상황에서만 적절하게 사용하는 것이 중요합니다.

I'm so jealous!

84

감기 조심하세요.

BE CAREFUL FOR COLD.

한국 학생들이 영어로 Be careful for cold.나 Be careful for your health.라고 말하는 걸 종종 듣게 돼요. 하지만 사실 이 표현들은 영어에서는 틀린 표현이에요. 한국어에서 '조심하세요'는 다양한 상황에서 자연스럽게 쓰이기 때문에 영어로도 비슷한 상황에서 Be careful을 사용하는 경우가 많은데요, 영어에서는 이 표현이 조금 다르게 쓰인다는 점을 알아둘 필요가 있어요.

Be careful은 주로 **즉각적인 위험을 경고할 때** 사용하는 표현이에요. 예를 들어, 누군가 미끄러운 길을 걸어야 하거나 무거운 물건을 들어야 할 때 Be careful!이라고 말해요. 즉, **물리적이고 구체적인 위험**이 있는 상황에 어울리는 표현이에요. 예를 들어, 친구가 무거운 상자를 들겠다고 하면 Be careful not to hurt your back.(허리 다치지 않게 조심해)이라고 말하거나, 공원에서 달리기를 한다는 친구에게 Be careful on the wet paths. It rained earlier.(길이 미끄러우니까 조심해.)라고 경고하는 식이에요. 그렇다면 **건강을 챙기라**는 인사말은 영어로 어떻게 표현할까요? 이럴 때는 Take care라는 표현이 훨씬 자연스러워요. 원어민들은 Take care of your health. 또는 그냥 Take care.라고 말하며 건강에 유의하라는 따뜻한 인사를 전하죠. Take care는 Be careful처럼 경고하는 느낌이 아니라 부드럽고 배려심 있는 표현이라서 일상적인 대화에서 자주 쓰여요. 감기 조심하세요는 Take care not to catch a cold.라고 말할 수 있겠네요.

영어에서 Be careful은 구체적이고 즉각적인 위험이 있을 때 사용하고, 건강이나 안부를 챙기라는 의미를 전할 땐 Take care가 더 적합하다는 점을 기억해 주세요. 이렇게 표현하면 훨씬 자연스럽고 원어민스럽게 들릴 거예요!

주의하세요!

Take care!는 단순히 건강을 챙기라는 의미뿐만 아니라, **작별 인사**로도 매우 자주 사용돼요. 그래서 상황에 따라 Take care!를 듣고 '건강을 챙겨'라는 뜻으로 받아들일지, 아니면 '잘 가' 또는 '몸 건강히 지내'라는 의미로 받아들일지 달라질 수 있어요. 예를 들어, 친구와 만난 후 헤어질 때 Take care!라고 말하면, 이것은 "몸 건강히 지내" 또는 "잘 가"라는 인사가 돼요. 이 표현은 비공식적인 대화뿐만 아니라, **비즈니스 환경**에서도 작별의 인사로 적절하게 사용될 수 있어요. 다정한 느낌을 주고 싶을 때는 Take care!라고 말할 수 있고, 조금 더 공식적인 상황에서는 Take care of yourself.로 표현하기도 해요. 상황에 맞춰 사용할 수 있는 다재다능한 표현이에요.

Take care
not to
CATCH a cold.

네이티브가 듣고 바로 알아챌 영어 실수들

85

마음을 집중하고 있어요.

I'M FOCUSING MY MIND.

한번은 직장에서 중요한 영어 프레젠테이션을 준비하던 수강생과 수업을 진행했던 적이 있어요. 그분이 프레젠테이션을 마치고 이렇게 말했어요. '마음을 집중했지만, 여전히 긴장됐어요'라는 뜻으로, I was focusing my mind, but I still felt nervous.라고 표현했죠. 그런데 이 문장은 영어 원어민들에게는 조금 어색하게 들려요. 왜냐하면 focus라는 단어 자체에 이미 **내적인 집중이라는 의미가 포함**되어 있기 때문이에요. 영어에서는 따로 마음이라는 단어를 언급하지 않아도 focus만으로 **충분히 마음을 집중한다는 의미**가 전달돼요. 한국어에서는 '마음'이라는 표현을 사용해 내적인 노력이나 의지를 강조하는 경우가 많아요. 하지만 영어에서는 focus라는 단어 자체로 이미 내적 집중을 표현할 수 있기 때문에, mind 같은 단어를 굳이 덧붙일 필요가 없어요. 그래서 I was trying to focus but I still felt nervous.라고 표현하는 것이 훨씬 자연스럽게 들려요. 그냥 I'm focusing on my work.라고 말하면, '일에 마음을 집중하고 있다'는 의미가 이미 충분히 전달돼요. 마음이나 의지 같은 단어를 추가하지 않아도 focus라는 단어만으로 그 의미를 담을 수 있는 거죠. 비슷하게 focus와 함께 자주 쓰이는 **concentrate도 마찬가지**예요. concentrate라는 단어도 이미 **내적인 집중을 포함**하고 있어서, I am concentrating my mind.처럼 말하면 원어민들에게는 어색하게 들릴 수 있어요. 이럴 때는 그냥 I'm concentrating. 이라고 간단히 표현하는 것이 더 자연스러워요.

참고로, focus와 concentrate는 비슷한 의미를 가지고 있지만 약간의 차이가 있어요. focus는 카메라의 초점을 맞추는 것처럼 **주의를 특정 대상에 맞추는 것**을 의미해요. 무엇에 주의를 둘지 선택하는 개념에 가까운 표현이에요.

반면, concentrate는 더 깊은 집중을 뜻하며, **방해 요소를 차단하고 오로지 한 가지에만 주의를 유지**하는 것을 의미해요.

예를 들어, 평소 도로 상황에서 운전할 때는 focus하는 것으로 충분하지만, 혼잡하거나 위험한 상황에서는 concentrate해서 더 많은 주의를 기울여야 해요.

정리하자면, 영어에서는 focus와 concentrate 같은 단어들로 이미 내적 집중이 충분히 표현되기 때문에 굳이 mind 같은 단어를 추가하지 않아도 돼요. 문장을 간결하게 유지하는 것이 영어에서는 더 자연스럽게 들린다는 점을 꼭 기억해 주세요!

주의하세요!

Pay attention!은 **'주의를 기울이라'는 가벼운 의미**로, 주로 선생님들이 학생들에게 수업에 집중하라고 할 때 자주 사용하는 표현이에요. 예를 들어, Pay attention! This will be on the test.라고 하면, "잘 들어! 이거 시험에 나올 거야."라는 뜻으로, 지금 중요한 내용이니 신경 쓰라는 말이에요. focus나 concentrate와 비교하자면, pay attention은 단순히 주의를 환기하는 데 사용되지만, focus나 concentrate는 더 깊은 정신적 노력을 요구하는 차이가 있어요.

I am
**trying to
FOCUS!**

86

저 갈게요.

I WILL GO.

?

모임이나 대화가 끝날 때 "저 갈게요"라고 말하는 건
한국어로는 정말 자연스러워요. 하지만 같은 상황에서
영어로 I'll go.라고 하면 약간 어색하게 들릴 수 있어요.
왜냐하면 I'll go.는 보통 어떤 일을 자발적으로 하겠다는
뜻으로 쓰이기 때문이에요.
예를 들어, 친구들끼리 모였을 때 누군가 커피를 가져오겠다고
하면 I'll go.라고 말할 수 있어요. 이렇듯 I'll go는
무언가를 맡겠다는 의미로는 적합하지만,
작별 인사로는 잘 사용되지 않아요.
그렇다면 원어민들은 이런 상황에서 어떻게 말할까요?
작별 인사를 할 때는 "이제 가봐야겠어요"라는 뜻으로
I have to get going.을 사용하면 **부드럽고 자연스럽게** 떠날 수
있어요. 조금 더 캐주얼한 자리라면 I think I'll get going.이라고
말해서 "이제 슬슬 가볼까 해요"라는 느낌을 줄 수 있죠.
만약 급히 떠나야 한다면 I gotta go.나 I gotta run.처럼
표현하면 "나 가야 해" 또는 "빨리 가야 해"라는
가벼운 뉘앙스를 줄 수 있어요.
그중에서도 get going은 정말 많이 쓰이는 표현이에요.
단순히 이동한다는 의미를 넘어서, **준비를 마치고 이제 출발하겠다**
는 뜻을 담고 있어요. 예를 들어, I will get going.이라고 하면
"이제 슬슬 가볼게"라는 뜻으로, **대화를 마무리하고 자연스럽게**
헤어질 때 딱이에요. 이 표현은 격식 없는 자리나
편안한 상황에서 특히 잘 어울려요.
참고로, 'get + –ing'는 자발적인 의지가 반영될 수도
있지만, 주로 **상황에 따라 자연스럽게 행동을 시작할 때** 써요.
Let's get moving.은 "이제 출발하자"라는 뜻이고,
We need to get working.은 "이제 일을 시작해야 해"라는 의미로,
모두 상황에 따라 자연스럽게 행동을 시작함을 나타내죠.

정리하자면, 영어에서는 작별할 때 get going을 쓰면 훨씬 부드럽고 자연스럽게 들려요. 상황에 따라 I think I'll get going.처럼 부드럽게 표현할 수도 있죠. 이런 표현을 적절히 활용하면 헤어짐도 어색하지 않고 훨씬 자연스럽게 마무리할 수 있을 거예요!

주의하세요!

I think I'll get going.이나 I think I'd better go.에서 think라는 단어는 말을 **부드럽게 만들어주는 역할**을 해요. 이 표현을 직역해 '생각 중이다'라고 해석할 수 있지만, 실제로는 **어조를 완화하고 상대방에게 부담을 덜 주기 위한 용도**로 사용된답니다. I think가 완곡한 표현으로 쓰이는 이유는 **'내 생각일 뿐이고, 정해진 것이 아니다'**라는 뉘앙스를 담고 있기 때문이에요. 이를 통해 말하는 사람은 자신의 의사를 강하게 주장하거나 단정 짓지 않고, 상대방이 편안하게 받아들일 수 있도록 만들어주죠. 그래서 I think I'll get going.은 단순히 "저 이제 갈게요"라고 말하는 것보다 더 여유롭고 부드러운 느낌을 주는 표현이에요.

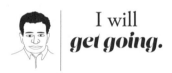

I will
get going.

87

여기가 어디죠?

WHERE IS HERE?

낯선 곳에서 길을 잃고 '여기가 어디지?'라고 생각해 본 적이
한 번쯤은 있을 거예요. 한국어로는 자연스럽게 "여기가 어디죠?"
라고 물을 수 있지만, 영어에서는 Where is here?라는 표현이
다소 어색하게 들려요. 그렇다면 이런 상황에서 영어로는
어떻게 표현해야 할까요? 원어민들은 보통 Where am I?
또는 Where are we?를 사용해요. 이 두 표현이
Where is here?보다 훨씬 자연스럽고 정확하게 들리죠.
왜 Where is here?는 어색할까요? 그 이유는 영어와 한국어의
장소를 표현하는 방식의 차이에서 비롯돼요.
영어는 '나'를 중심으로 사고하는 언어예요. 영어에서는
내가 현재 어디에 있는지를 묻는 방식이 자연스럽죠.
그래서 길을 잃었을 때 영어 화자는 Where am I?라고 질문해요.
여기서 중요한 건 **내가 특정한 공간(here)과 어떤 관계를
맺고 있는지**를 묻는다는 점이에요.
반면, 한국어는 '장소 그 자체'에 초점을 맞춰요. "여기가 어디죠?"
라는 질문은 **장소의 정체성, 즉 이곳이 어디인지 묻는 데 더 초점**을 둔
표현이에요. 이렇게 영어는 '내 위치'에,
한국어는 '장소의 정체성'에 더 관심을 두는 차이가 있어요.
또 하나의 이유는 영어에서는 here라는 단어가 이미 '내가 있는
장소'라는 의미를 내포하고 있기 때문이에요. 그래서 Where is
here?라고 하면, 여기(내가 있는 장소)가 어디 있지?라는 식으로,
장소 자체의 위치를 묻는 이상한 질문처럼 들릴 수 있어요.
결론적으로, 영어로 "여기가 어디죠?"라고 묻고 싶다면
Where am I?라고 말하는 것이 훨씬 자연스러워요. 낯선 곳에서
길을 물어야 할 때는 자신감 있게 Where am I?라고 물어보세요.
이 간단한 표현이 길 찾기를 훨씬 더 편하게 만들어 줄 거예요!

주의하세요!

What is this place?와 Where is this place?는 비슷해 보이지만, 상황에 따라 다르게 사용돼요. What is this place?는 낯선 장소에 왔을 때, **그곳이 어떤 곳인지 궁금할 때** 사용하는 표현이에요. 예를 들어, 오래된 건물에 들어갔는데 그 장소가 무엇을 하는 곳인지 모를 때 What is this place?라고 물을 수 있어요. 이 표현은 '이 장소는 무슨 역할을 하는 곳이지?'라는 의미를 담고 있어요.

반면, Where is this place?는 특정 장소를 찾지 못할 때 사용하는 표현이에요. 길을 잃었을 때가 아니라, **내가 가려는 장소가 어디에 있는지 모르겠을 때** 쓰죠. 예를 들어, 지도나 내비게이션을 보고도 목적지를 찾지 못할 때 Where is this place?라고 물으면, '내가 찾는 그 장소는 어디에 있지?'라는 뜻이에요.

Where **am I?**

88

길을 잃었어요.

I LOST MY WAY.

다른 지역에 사는 학생과 오랜만에 만나기로 한 적이 있어요.
약속 장소로 향했는데 시간이 돼도 학생이 나타나지 않아서
걱정이 됐어요. 약속 시간이 지나 전화를 걸어보니
학생이 I lost my way.라며 근처에서 헤매고 있다고 했어요.
여러분도 이런 상황에서 무심코 '길(way)'과 '잃었다(lost)'를
직역해 I lost my way.라고 말할 수 있을 거예요.
그런데 I lost my way.는 문법적으로 틀리진 않지만,
길을 잃었다는 의미보다는 인생에서 갈피를 잡지 못할 때,
즉 '방황하다'라는 **비유적인 의미**로 주로 쓰여요. 마치 한국어에서
'인생의 길을 잃었다'라고 말하는 것처럼요. 영어에서는 way가
물리적 길보다는 인생의 방향성이나 목표를 뜻하는 경우가
많아서, 실제로 길을 잃은 상황에서 I lost my way.를
사용하면 어색하게 들릴 수 있어요.
그럼 어떻게 말해야 할까요? 실제로 어딘가에서
길을 잃었을 때는 그러한 현재의 상태를 묘사하는 I'm lost.가
훨씬 자연스러운 표현이에요. I'm lost.는
지금 길을 잃은 상태를 간단하게 설명하는 표현이죠.
만약 길을 잃게 된 **상태의 변화 과정**에 강조점을 두고 싶다면
I got lost.를 사용할 수 있어요. 예를 들어, I got lost on my way to
the restaurant.은 "식당으로 가던 중 길을 잃었어요"라는 뜻으로,
길을 잃게 된 변화 과정을 강조할 때 적합한 표현이죠.
여기서 사용된 get은 become과 유사한 의미로,
어떤 상태로 변화하거나 전환됨을 나타내요. 실제로,
영어에서는 상태의 변화를 설명할 때 get을 자주 사용해요.
예를 들어, It's getting dark.은 '어두워지고 있다'는 상태의 변화를,
I got tired.는 '피곤해졌다'는 변화 과정을 나타내죠.

I got lost.도 마찬가지로, 길을 잃게 된 변화 과정을
강조하면서 그 결과를 표현하는 데 유용해요.

결론적으로, 영어는 상태를 직접적으로 표현하거나 상태 변화의
과정을 설명하는 것을 선호해요. 반면, I lost my way.는
행동의 결과를 설명하는 방식이라, 실제 길을 잃은 상황에서는
다소 어색하게 들릴 수 있어요. 길을 잃었다는 상황을
영어로 자연스럽게 표현하고 싶다면, I'm lost. 또는
I got lost.를 활용해 보세요.

주의하세요!

Get lost!는 듣기에 따라 상당히 **강렬한 표현**일 수 있어요. 누군가를 쫓아내고 싶
을 때, "**꺼져!**" 또는 "**사라져!**"라는 뜻으로 사용되죠. 예를 들어, 귀찮은 사람이 계
속 달라붙을 때 Get lost!라고 말하면, 상대방은 바로 뒤도 안 돌아보고 사라질지
도 몰라요. 하지만 이 표현은 꽤 공격적이고 무례하게 들릴 수 있기 때문에, 사용했
다가 분위기가 싸늘해질 수도 있어요. 재미로 써볼 만한 표현이긴 하지만, 너무 진
지하게 말하면 오해를 살 수 있으니 조심하세요!

89

그걸 살 형편이 안 돼요.

I CAN'T BUY IT.

한번은 학생이 노트북에 대해 이야기하면서 I can't buy it.
이라고 말했던 적이 있어요. 뜻은 잘 알겠지만, 조금 직설적으로
들리더라고요. 한국어로 "저는 그걸 살 수 없어요"라고 하면
예산을 넘는다는 의미로 자연스럽게 받아들여지지만,
영어에서 I can't buy it.은 마치 "절대로 못 사!"라는 강한 느낌을
줄 수 있어요. 너무 딱 잘라 말하는 것처럼 들릴 수 있는 거죠.
그럼 이런 상황에서 영어로는 어떻게 부드럽게
표현할 수 있을까요? 이런 경우에 많이 쓰는 표현 중 하나가
I can't afford it.이에요. 이 표현은 "그걸 살 형편이 안 돼요"라는
뜻으로, **재정적인 이유로 물건을 살 수 없다**는 것을
좀 더 부드럽게 전달할 수 있어요.
또 다른 표현으로는 It's over my budget.이 있어요.
한국에서는 가끔 농담으로 "가난해서 못 사요"라고 말하곤
하지만, 영어로 I'm poor, so I can't buy it.이라고 하면 조금
비관적이고 과장된 느낌을 줄 수 있어요. 대신 It's over my
budget.이라고 하면, **예산이 넘는다는 점**을 깔끔하게 전달하면서도
너무 부정적인 이미지를 피할 수 있어요.
만약 그 물건이 아예 **자신의 가격대에 맞지 않는다면** It's out of my
price range.라는 표현도 좋아요. It's too expensive for me.라고
말하면 "나한테 너무 비싸"라고 직설적으로 들릴 수 있지만,
It's out of my price range.는 좀 더 우회적으로
비싸다는 의미를 전달할 수 있어요.
좀 더 재밌게 표현하고 싶다면 It's too rich for my blood.라는
관용구도 있어요. 직역하면 "내 피엔 너무 진하다"이지만,
실제로는 "나한테는 너무 비싸"라는 유머러스한 표현이에요.
하지만 이 표현은 일상적으로 자주 쓰이진 않으니,
알아두는 정도로 충분해요.

이렇게 다양한 표현을 상황에 맞게 사용하면, 상대방에게 부담을 주지 않으면서 자연스럽게 자신의 의사를 전달할 수 있게 되죠.

I can't afford it. 그걸 살 형편이 안 돼요.
It's over my budget. 제 예산을 초과해요.
It's out of my price range. 제가 생각한 가격대를 넘어요.

주의하세요!

I can't afford it.은 내가 감당할 수 없는 **개인적인 재정 상황을 설명할 때** 쓰는 표현이에요. 예를 들어, I'd love to rent that new apartment, but I can't afford it right now.라고 하면, 그 아파트를 빌리고 싶지만 지금 내 형편으로는 어렵다는 뜻이죠. 여기서 중요한 점은, 이 표현은 오로지 개인의 재정 상태에 초점을 맞추고 있다는 거예요. 즉, 내가 그 물건을 살 형편이 안 된다는 것만 말할 뿐, 그 가격 자체가 비합리적이거나 과도하다는 의견은 포함되지 않아요.

반면에, It's unaffordable.는 훨씬 더 강한 표현이에요. 이 말은 **물건이나 서비스의 가격이 너무 비싸서 나뿐만 아니라 대부분의 사람들도 감당하기 어렵다는 의미**를 담고 있죠. 예를 들어, The rent in this area is unaffordable.이라고 하면, 단순히 내가 그 월세를 감당할 수 없다는 것뿐만 아니라, 그 지역의 월세가 지나치게 높아서 많은 사람들이 부담스러워할 것이라는 불만이 포함된 표현이에요. 이 두 표현의 차이점을 알면 상황에 맞게 더 적절한 표현을 선택하는 데 큰 도움이 될 거예요.

90

복수하고 싶어요.

I WANT TO REVENGE.

?

가끔 재미있는 영화를 보고 나면 주변 사람들과

공유하고 싶을 때가 있죠. 어느 날 한 학생이 주말에 본

영화에 대해 이야기하면서

The main character wants to revenge.라고 말했어요.

하지만 이 문장은 원어민에게는 조금 어색하게

들릴 수 있어요. 왜 그럴까요?

그 이유는 영어에서 revenge는 보통 **명사로** 쓰이기 때문이에요.

그래서 그냥 revenge가 아니라 동사 get을 써서

get revenge라고 말해야 자연스러워요. 영어에서는

'복수하다'가 아니라 '복수를 하다'인 거죠.

예를 들어, The main character wants to get revenge.라고 하면

'주인공이 복수를 원한다'는 의미를 정확하게 전달할 수 있어요.

복수의 대상을 말할 때는 전치사 on을 사용해요.

그래서 I'm going to get revenge on him.(나는 그에게 복수할 거야)처럼

표현할 수 있어요. get revenge on이라는 구문이

'~에게 복수하다'라는 의미를 전달하는데,

on이라는 전치사를 꼭 기억해 두세요.

또 한 가지 알아둘 점은 revenge라는 단어가 조금 극적인

뉘앙스를 갖고 있지만, 일상 대화에서 가볍게 농담으로도

사용할 수 있다는 거예요. 예를 들어, I'll get revenge on you for

taking my parking spot!(네가 내 주차 자리를 차지했으니까 내가 복수할 거야!)

처럼 장난스럽게 말할 수도 있죠. 이처럼 revenge는

상황에 따라 가볍게 사용할 수 있다는 점도 함께 기억해 두세요.

주의하세요!

복수를 표현할 때 revenge 외에도 다양한 표현이 있어요. 표현에 따라 **뉘앙스와 강도가 조금씩 다르기** 때문에, 상황에 맞게 적절한 표현을 선택하는 것이 중요해요.

첫 번째로, get back at (someone)은 상대방을 가볍게 귀찮게 하거나 **장난스럽게 복수할 때** 사용하는 표현이에요. 주로 일상적인 상황에서 농담처럼 쓰이기도 해요. 예를 들어, My brother used my computer without asking, so I got back at him by changing all his passwords.처럼 "동생이 내 허락 없이 내 컴퓨터를 써서, 복수로 그의 비밀번호를 전부 바꿔놨어요."라는 식으로 가볍게 응수하는 복수를 뜻해요.

두 번째로, get even with (someone)은 자신에게 잘못한 사람에게 **똑같이 되갚아주는 복수**를 의미해요. 이 표현은 조금 더 직접적이고, 상대방과 동등하게 되돌려준다는 느낌을 줘요. 예를 들어, She spread a rumor about me, so I got even with her by telling everyone the truth.는 "그녀가 나에 대해 소문을 퍼트려서, 나는 사실을 알려서 복수했어요."라는 뜻이에요. 상대방의 행동에 정확히 상응하는 대응을 하는 복수를 묘사할 때 적합해요.

마지막으로, get payback (on someone)은 더 강력한 복수를 의미하며, 상대방에게 **큰 영향을 미칠 수 있는 행동**에 사용돼요. 직장이나 개인적인 관계에서 발생한 문제에 대한 대응으로도 쓰이죠. 예를 들어, He kept taking credit for my work, so I got payback by exposing his mistakes during the team meeting.처럼 "그가 내 일을 자꾸 자기 공으로 돌려서, 팀 회의에서 그의 실수를 지적하며 복수했어요."라는 상황을 표현할 수 있어요. 이 표현은 복수의 강도가 더 높고, 상대방에게 미치는 영향이 더 크다는 점에서 차별화돼요.

영어에는 이렇게 다양한 복수 표현이 있기 때문에, 상황에 맞는 표현을 선택하는 것이 중요해요. 예를 들어, **사소한 장난**에는 get back at이나 get even with가 적합하고, 더 **큰 잘못에 대한 복수**나 정당한 대응을 말할 때는 get payback을 사용하는 것이 더 적절하죠.

 I'm going to
get revenge
on him.

91

BTS를 아세요?

DO YOU KNOW BTS?

학생들이 종종 저에게 특정 한국 연예인을 아는지 물어볼 때가 있어요. 그중 하나가 바로 Do you know BTS? (BTS를 아세요?)라는 질문이에요. 한국어로는 "BTS를 아세요?"라는 표현이 자연스럽지만, 이 문장을 영어로 Do you know BTS?라고 바로 직역하면 원어민에게는 다르게 받아들여질 수 있어요. 왜냐하면 영어에서 Do you know ~?는 종종 개인적인 관계를 암시하기 때문이에요. 'Do you know + 사람?'이라는 질문은 보통 그 사람과 **개인적으로 알고 있는지를** 묻는 의미를 담고 있어요. 예를 들어, Do you know John?이라고 하면 "존을 개인적으로 아는 사이인가요?"라는 뜻으로 들릴 수 있어요. **정보나 개념을 묻는 경우**에도 마찬가지로, 'Do you know + 정보나 개념?'이라는 질문은 단순히 그 정보를 들어봤냐는 의미를 넘어서, **잘 이해하거나 깊이 알고 있는지를** 묻는 느낌이 강해요.

예를 들어, Do you know quantum physics?는 "양자 물리학에 대해 잘 알고 있나요?"라는 뜻이에요. 단순히 들어본 것이 아니라, 전문적인 지식이나 이해도가 있는지 묻는 질문이죠.

이처럼 영어에서 know는 단순히 정보를 아는지 묻는 게 아니라, 개인적인 연결 고리나 깊은 이해를 묻는 뉘앙스를 담고 있어요. 그래서 Do you know BTS?라고 물으면 BTS라는 그룹을 들어봤는지를 묻기보다는, 마치 BTS 멤버들과 개인적인 관계가 있거나 그들을 실제로 만나본 적이 있는지 묻는 것처럼 느껴질 수 있어요.

그렇다면 더 자연스러운 표현은 무엇일까요? 영어에서는 Have you heard of BTS? (BTS에 대해 들어본 적 있나요?)나 Are you familiar with BTS? (BTS에 대해 알고 있나요?)와 같은 표현을 사용하는 게 훨씬 더 적합해요. Have you heard of BTS?는 상대방이 BTS에 대해 들어본 적이 있는지 확인할 때 가볍게 묻는 표현이에요.

Are you familiar with BTS?는 상대방이 BTS에 대해 어느 정도 알고 있는지를 조금 더 구체적으로 확인하는 표현이에요.

다음번에 친구나 지인에게 유명인이나 그룹에 대해 묻고 싶다면, Have you heard of...?나 Are you familiar with...? 같은 표현을 사용해보세요. 이렇게 하면 영어 특유의 뉘앙스를 이해하면서 더 자연스럽고 유창한 대화를 이어갈 수 있을 거예요!

주의하세요!

know는 어떤 것에 대해 **직접 알고 있거나 깊이 이해하고 있을 때 사용**돼요. 예를 들어, I know David personally.라고 하면 "나는 데이빗을 개인적으로 알아"라는 뜻이에요. 단순히 이름만 아는 것이 아니라, 직접 만나서 알고 있거나 친분이 있는 경우에 이렇게 말해요.

그렇다면 know of와 know about은 어떻게 다를까요?

먼저, know of는 **존재 자체를 들어본 적이 있을 때** 사용돼요. 예를 들어, I know of David, but we've never met.이라고 하면 "데이빗이라는 사람은 들어봤지만, 만난 적은 없어"라는 뜻이에요. 즉, 이름은 들어봤지만 직접 경험하거나 깊은 관계가 없는 경우에 쓰는 표현이에요.

반면, know about은 어떤 것에 대해 **어느 정도 정보를 가지고 있을 때** 사용돼요. 예를 들어, I know about David's new project.라고 하면 "데이빗의 새 프로젝트에 대해 알고 있어."라는 뜻이에요. 여기서는 데이빗의 프로젝트가 무엇인지, 어떤 내용인지 대략적으로 알고 있는 경우를 의미하죠.

Have you **heard of** BTS?

92

오렌지 주스 주세요.

I WANT AN ORANGE JUICE.

?

한국어에서 정말 자주 사용하는 표현 중 하나가 "주세요"예요.
음식을 주문하거나 뭔가를 요청할 때 자연스럽게
사용하는 말이죠. 그런데 이 표현을 영어로 옮길 때 많은 분들이
I want를 떠올리곤 해요. 예를 들어, 식당에서 음료를
주문하면서 I want an orange juice.라고 말하는 식이죠. 하지만
영어에서는 I want라는 표현이 약간 무뚝뚝하게 들릴 수 있고,
때로는 **어린아이가 무언가를 요구하는 것처럼** 느껴질 수도 있어요.
그래서 영어로는 I want 대신 더 부드럽고 예의 바른 표현을
사용하는 게 좋아요. 식당이나 카페에서 주문할 때는
I'd like, I'll have, 또는 **Could I have** 같은 표현이
훨씬 자연스럽게 들려요. 예를 들어, I'd like an orange juice,
please.나 I'll have an orange juice, please.처럼 말하면
더 공손하고 듣는 사람에게 좋은 인상을 줄 수 있어요.
Could I have an orange juice, please?라고 하면 부드럽고
정중한 느낌까지 전달할 수 있답니다.
그렇다고 I want가 항상 틀린 표현인 건 아니에요.
I want는 **개인적인 바람이나 목표**를 표현할 때 자연스럽게
사용할 수 있어요. 예를 들어, I want to travel to Europe next
summer.(내년 여름에 유럽에 가고 싶어요)나 I want to feel more
confident.(자신감을 더 갖고 싶어요) 같은 문장은
전혀 어색하지 않아요. 이런 경우에는 자신의 욕구나 희망을
솔직히 표현하는 것이기 때문에 적절한 표현이에요.
또한, **상사나 권위 있는 사람**이 I want를 사용하는 것도
자연스러워요. 예를 들어, I want this report by Friday.
(이 보고서를 금요일까지 원해요)라고 하면, 명확하고 단호한 요구를
전달할 수 있어요. 권위 있는 위치에서는
이렇게 직접적인 표현이 더 적합한 경우도 많아요.

하지만 일상적인 상황에서 누군가에게 부탁하거나 요청할 때는 I want보다 더 부드럽고 예의 있는 표현을 사용하는 게 좋아요. 이렇게 하면 대화가 더 자연스럽고 듣는 사람에게도 더 좋은 인상을 줄 수 있어요.

주의하세요!

Do you want라는 표현은 상대방에게 **직설적이고 즉각적인 반응을 요구**하는 느낌을 줄 수 있어요. 한국어로는 마치 "너 이거 할래?"라고 직접 묻는 것과 비슷한 뉘앙스예요. 특히 서비스나 공식적인 자리에서는 이 표현이 너무 직설적으로 들릴 수 있어서, 공손함이 필요한 상황에서는 Would you like라는 표현이 더 적절해요.

예를 들어, 처음 만난 사람에게는 Would you like로 제안하는 것이 훨씬 더 예의 바르게 들릴 수 있어요. 친구나 친한 사람에게는 Do you want some coffee?라고 자연스럽게 물을 수 있어요. 하지만 **처음 만난 사람에게는** Would you like some coffee?라고 물어보는 게 더 부드럽고 적합한 표현이에요.

COULD I HAVE
an orange juice,
please?

93

맨날 있는 일이야.

IT'S SOMETHING THAT HAPPENS EVERY DAY.

가끔 예상치 못한 작은 문제가 반복될 때가 있어요. 예를 들어, 음식점에서 주문을 했는데, 주문한 메뉴가 잘못 나오거나 추가로 부탁했던 소스가 빠지는 일이죠. 이런 일이 몇 번 반복되다 보면 사소한 문제라도 은근히 신경 쓰이게 돼요. 한번은 동료와 점심을 먹으러 갔을 때 이런 일이 있었는데, 제가 주문한 파스타에 추가로 요청한 치즈가 나오지 않았어요. 결국 직원에게 다시 요청해야 했는데, 그때 동료가 눈을 굴리며 "맨날 있는 일이야"라는 의미로 It's something that happens every day.라고 말했는데, 뭔가 어색하게 들렸어요. 문법적으로 틀리진 않지만, 이 표현은 마치 정말 **매일 반복되는 일인 것**처럼 들릴 수 있기 때문이에요.

이런 상황에서는 This always happens., This keeps happening., 또는 It happens all the time. 같은 표현이 훨씬 자연스러워요. 이런 문장들은 **자주 발생하는 귀찮은 상황**을 가볍게 전달하는 데 적합하거든요.

한국어에서 '맨날'은 '자주'라는 의미로 가볍게 쓰이지만, 영어의 every day는 문자 그대로 '매일'이라는 뜻으로 받아들여질 수 있어요. 가령, "맨날 늦더라"라는 한국어의 실제 의미는 '자주 늦더라'이잖아요?

이럴 때는 You're late all the time.이나 You're always late.처럼 표현하는 게 더 자연스러워요. 만약 You're late every day.라고 하면 정말 매일 늦는 것처럼 들려요.

또한, 영어에서는 **불필요한 명사를 생략해 간결하게 표현**하는 경향이 있어요. 예를 들어, It happens all the time.처럼 간단히 말하는 것이 훨씬 자연스럽고 매끄럽게 들려요. 이미 it이 특정 상황을 가리키고 있으니, 굳이 something 같은 명사를 추가하지 않아도 의미가 충분히 전달돼요.

결론적으로, It happens all the time.은 이런 반복되는 문제를 영어로 자연스럽게 표현하는 데 딱 맞는 표현이에요. 이렇게 간단히 표현을 바꾸기만 해도 대화가 더 매끄럽고 세련되게 들릴 수 있어요!

주의하세요!

every day는 가장 **중립적이고 직접적인 표현**으로, 특별한 강조 없이 매일 일어나는 일상적인 행동을 묘사할 때 사용돼요. 예를 들어, I check my emails every day.라는 문장은 단순히 매일 이메일을 확인한다는 사실만을 전달하며, 감정적인 색채 없이 일상적인 진술을 나타내는 표현이에요.

그에 비해 daily는 **약간 더 격식을 갖춘 표현**으로, 주로 글쓰기나 습관, 책임에 대해 이야기할 때 자주 쓰여요. 이 표현은 더 포멀한 느낌을 주며, 일상적인 책임이나 의무를 강조할 때 사용돼요. 예를 들어, Exercise should be a daily priority.라는 문장은 운동이 단순한 일상 활동이 아니라 반드시 지켜야 할 중요한 습관임을 강조하고 있어요.

만약 어떤 일이 **매일 일어난다는 것을 더 강하게 강조**하고 싶다면, every single day라는 표현을 사용할 수 있어요. 이 표현은 매우 빈번하게 발생하는 일에 대한 좌절감이나 불만을 전달할 때 적합해요. 예를 들어, I have to remind him every single day to lock the door.라는 문장은 그 상황에 대한 짜증이나 피곤함을 강조하면서 반복적인 행동을 표현하는 데 잘 어울려요.

마지막으로, day after day는 반복의 단조로움이나 인내를 나타내는 표현이에요. 끊임없이 이어지는 일을 묘사할 때 사용돼요. 예를 들어, She practices the same routine, day after day.라는 문장은 매일 같은 일을 반복하는 데서 오는 지루함과 단조로움을 잘 담아내는 표현이에요.

It happens
ALL THE TIME.

94

뭔가 쎄해요.

SOMETHING IS COLD.

?

여러분, 혹시 누군가나 어떤 장소가 이상하게 느껴질 때
"쎄하다" 혹은 "싸하다" 같은 표현을 써본 적 있으신가요?
이 느낌을 영어로 표현하고 싶어서 Something is cold.라고
말해보셨다면, 주의가 필요해요. cold는 실제로 차갑다는
뜻이라서, 원어민들이 듣기에 **물리적인 추위**에 대해
이야기하는 것처럼 들릴 수 있거든요.

이럴 때 더 자연스러운 표현은 Something is off.입니다. 여기서
off는 뭔가가 평소와 다르게 **'이탈'하거나 '정상적이지 않다'**는
의미를 담고 있어요. 그래서 off를 사용하면 묘하게 불편하거나
어딘가 어긋난 느낌을 전달할 수 있는 거죠. 예를 들어,
어떤 사람이 어딘가 찜찜하게 느껴진다면 Something is off about
him.이라고 표현할 수 있어요. 이 한마디로 그 사람이 주는
미묘한 '쎄한 느낌'을 깔끔하게 전달할 수 있답니다.

좀 더 강하게 표현하고 싶다면 He gives me the creeps.라고
할 수 있어요. 이 표현은 상대방이 **소름 끼치거나 기분 나쁜 느낌**을
줄 때 사용해요. 반면, 조금 부드럽게 말하고 싶다면 He's a little
weird. 즉, "그 사람 어딘가 좀 이상해"라고 표현할 수 있어요.
이처럼 상황에 따라 강약을 조절할 수 있는 표현들이 많답니다.

off의 뉘앙스는 **특정 장소나 상황을 묘사**할 때도 유용해요.
낯선 곳에 갔을 때 불안하고 이상한 느낌이 들면
Something feels off here.라고 말할 수 있어요.
마치 그 장소의 분위기가 어딘가 자연스럽지 않거나,
정상에서 벗어나 있다는 느낌을 전달하는 거죠. 예를 들어,
직장에서 회의 분위기가 어색하게 느껴졌다면
The meeting today felt a little off.라고 표현할 수 있어요.

이렇게 off라는 단어는 단순히 '이탈'의 의미를 넘어서서,
일상 속 묘한 불편함이나 어긋난 상태를 자연스럽게 전달할 수
있는 표현입니다. off 한 단어로도 이렇게 다양한 상황을
표현할 수 있으니 꼭 기억해 두세요!

주의하세요!

It gave me the chills.라는 표현에서 chills는 '차갑다' 또는 '쌀쌀하다'와 비슷
하게 느껴질 수 있지만, 실제로는 다르게 쓰여요. It gave me the chills.는 '소
름 돋았어'에 가까운 표현으로, **공포, 흥분, 경외감 등 강한 감정적 반응을 묘사**할
때 사용돼요. 이 표현은 강렬한 경험으로 인해 **닭살이 돋거나 몸이 떨리는 신체 반
응이 실제로 있을 때** 자주 사용돼요. 또한 비슷한 표현으로 I got goosebumps.
(닭살 돋았어)도 있어요. 이 표현 역시 공포나 감동, 경외심을 느낄 때 많이 쓰이며,
몸이 반응하는 순간을 잘 나타내요.

Something
is
OFF.

95

늦었지만 어쨌든 버스를 탔어요.

I WAS LATE, BUT ANYWAY, I CAUGHT THE BUS.

어느 날, 학생 중 한 명이 아침에 늦어서 간신히 버스를
탔다는 이야기를 들려줬어요. 그 학생은 저에게
I was late, but anyway, I caught the bus.라고 말했죠.
문장의 뜻은 충분히 이해할 수 있었지만, but anyway라는 표현은
약간 부자연스럽게 들렸어요.

많은 한국인들이 '어쨌든'을 영어로 anyway로 번역하는데,
한국어에서 '어쨌든'이 다양한 상황에서 많이 쓰이다 보니,
anyway를 조금 **과하게 사용하는 경향**이 있어요.

영어에서 anyway는 대화의 흐름을 바꾸거나, **덜 중요한 세부사항을
정리하고 주요 내용으로 넘어가려는 의도**로 쓰이는 경우가 많아요.
예를 들어, Anyway, let's move on.은 "어쨌든, 다음으로 넘어가자."
란 뜻으로, 대화를 정리하거나 방향을 전환할 때 적합해요.
그런데 위와 같이 감정적 연결이 필요한 문맥에서 but anyway를
쓰면 어색하게 들릴 수 있어요. '버스를 타서 다행'이라는
긍정적 결과를 강조하려는 의도와 **'앞의 상황은 무시하고, 중요한 건
다음이다'라는 anyway의 뉘앙스**가 자연스럽게 맞지 않거든요.
이런 상황에서는 더 자연스러운 영어식 표현으로 바꾸는 것이
좋아요. 예를 들어, 학생이 '늦었지만 버스를 탔어요'라는
의미를 전달하려고 한다면, I was late, but I still managed to
catch the bus.라는 표현이 적합해요. 여기서 **still managed to**는
'어려운 상황에서도 결과적으로 해냈다'는 뉘앙스를 담고 있어서
늦었지만 그래도 긍정적인 결과를 이루었다는 점을
강조하기에 딱 맞는 표현이에요.

또 다른 예로, I was late, but fortunately, I caught the bus.라는
표현도 사용할 수 있어요. fortunately를 사용하면 '다행히'라는
감정을 자연스럽게 전달할 수 있어요. 이 표현은 늦었다는
부정적인 상황을 넘어 결과적으로 긍정적인 일이 일어났음을
부드럽게 표현하는 데 효과적이에요.

그리고 I was late, but I ended up catching the bus.도 좋은 선택이에요. ended up는 '결국 그렇게 됐다'는 느낌을 담아, 결과를 부드럽고 간결하게 전달하는 데 유용해요. 이 표현은 늦었다는 사실과 상관없이 최종 결과에 초점을 맞추는 점에서 영어식으로 더 자연스럽게 들려요.

주의하세요!

anyway는 대화에서 **덜 중요한 세부사항을 정리하고 주요 내용으로 넘어가려는 의도**로 자주 사용돼요. 예를 들어, We've talked a lot about the challenges. Anyway, let's focus on the solutions.(우리가 어려움에 대해 충분히 이야기했으니, 어쨌든 이제 해결책에 집중해 보죠.)라는 문장은 앞서 논의했던 어려움이라는 주제를 간단히 마무리하고, 대화를 다음 단계로 전환하자는 뜻으로 자연스럽게 들리죠.

따라서, **중요한 문제를 언급한 뒤에 anyway를 사용하는 것**은 어색하거나 부적절하게 들릴 수 있기 때문에 주의가 필요해요. 예를 들어, The project wasn't finished on time, and we lost the client, but anyway, we can just move on to the next one.(프로젝트를 제시간에 완료하지 못했고, 그로 인해 고객을 잃었지만, 어쨌든 다음 프로젝트로 넘어가면 되죠.)이라는 문장을 생각해볼게요. 이 문장에서 The project wasn't finished on time과 we lost the client는 모두 매우 심각한 문제를 다루고 있어요. 그런데 여기에서 but anyway를 사용하면, 이러한 **중요한 문제를 가볍게 넘기려는 뉘앙스**를 줄 수 있어요. 마치 고객을 잃은 일이 대수롭지 않다는 인상을 주게 되는 거죠. 이렇듯 anyway는 대화의 흐름을 정리하거나 사소한 내용을 넘어갈 때 유용한 표현이지만, 사용 상황에 따라 주의가 필요해요.

I was late, *but I still* **managed to** catch the bus.

96

아무거나 상관없어요.

I DON'T CARE.

?

수강생들과 저녁을 먹으러 갔을 때 있었던 일이에요.

주문을 하던 중 한 수강생이 다른 수강생에게 "넌 뭐 먹고 싶어?"

라고 묻자, 그분이 아주 쿨하게 I don't care.라고 답했어요.

"아무거나"라는 뜻으로 표현한 것이죠.

그리고 주문은 무사히 이루어졌습니다.

여기서 잠깐! 사실 이 표현에는 문제가 하나 있어요.

I don't care.는 영어 원어민들에게 약간 퉁명스럽게

들릴 수 있어요. 마치 '난 정말 아무 관심 없어'라거나

'네가 뭘 선택하든 상관 안 해'라는 인상을 줄 수 있거든요.

한국어에서 "난 상관없어"나 "아무거나 괜찮아" 같은 표현은

대체로 겸손하거나 상대방의 선택을 존중하겠다는 뜻으로

받아들여져요. 하지만 영어에서 I don't care.는

자칫 부정적으로 들릴 수 있어요. 상대방에게

대화에 무심하거나 관심이 없다는 인상을 줄 수 있거든요.

그럼 이 상황에서는 어떤 표현들이 더 좋을까요? 대신 좀 더

부드럽고 긍정적인 느낌을 주는 표현들이 있어요. 예를 들어,

I'm fine with whatever. 이 표현은 "어떤 것이든 괜찮아요"라는

뜻으로, 상대방에게 **선택권을 넘기면서도 무관심하게 들리지 않는**

친절한 말투를 전달합니다.

또 다른 표현으로는 Anything is fine with me.가 있어요.

이 표현은 "저는 뭐든 괜찮아요"라는 뜻으로,

선택의 폭을 더욱 명확하게 전달합니다. 상대방이 부담 없이

선택할 수 있도록 도와주는 동시에, 내가 열린 마음을

가지고 있다는 것을 강조할 수 있는 표현이에요.

마지막으로 Honestly, I'm good with anything.이라는

표현도 추천할게요.

"솔직히, 저는 뭐든 괜찮아요"라는 의미로, Honestly라는 단어를 추가해 **진정성과 친근함**을 더합니다. 이런 표현들은 상대방이 무엇을 선택하든 괜찮다는 메시지를 전하면서도, 여전히 대화에 참여하고 있다는 인상을 줄 수 있어요. 상대방에게 '네가 정하면 나도 좋다'는 느낌을 자연스럽게 전달할 수 있는 좋은 방법이에요.

아시겠죠? 자 그럼 연습해 볼까요? 만약 "뭐든 괜찮지만, 어제 피자를 먹었으니 피자는 피하고 싶어"라는 생각을 전달하고 싶다면 어떻게 말하면 좋을까요? I'm fine with anything, but not pizza because I had that last night. 이렇게 하면 부드럽게 선호도를 덧붙이며 의견을 자연스럽게 표현할 수 있습니다. 그러니 다음에 친구들이 "넌 뭐 먹고 싶어?"라고 물으면, 그냥 I don't care.라고 하지 말고, I'm good with anything!처럼 살짝 여유를 담아 답해보세요. 이렇게 말하면 대화에 참여하면서도 부드럽고 여유로운 인상을 줄 수 있답니다.

주의하세요!

I don't mind.는 상대방이 무언가를 바꾸거나 허락을 구할 때 자연스럽게 사용할 수 있는 표현이에요. I don't care.처럼 **무심하거나 부정적으로 들리지 않으면서도**, 상대방의 요청에 대해 열린 마음과 배려를 전달할 수 있죠. 이 표현은 일상적이고 캐주얼한 상황에서 자주 쓰는 I'm fine with whatever.보다는, 업무적이거나 약간 격식을 차려야 하는 자리에서 더 적합해요. 예를 들어, 누군가 회의를 다른 날로 옮기려 한다면 이렇게 대화할 수 있어요. 상대방이 Is it okay if we reschedule the meeting for tomorrow?(회의를 내일 다시 잡아도 괜찮을까요?)라고 물어보면, I don't mind. I'm available tomorrow afternoon.(괜찮아요, 내일 오후 시간 됩니다.)이라고 답하며 괜찮다는 뜻을 부드럽게 전할 수 있습니다.

Anything is **FINE** *with me.*

97

천천히 해.

DO IT SLOWLY.

?

한국어에서 "천천히 해"라는 표현은 누구나 자주 사용하는 말이에요. 누군가에게 서두르지 말고 여유 있게 하라고 조언할 때 정말 자연스럽게 쓰이죠. 그런데 이걸 영어로 그대로 번역해 Do it slowly.라고 하면, 듣는 사람에게는 다소 어색하게 들릴 수 있어요. Do it slowly.는 말 그대로 '**속도를 줄이고 천천히 하라**'는 의미로, 문자 그대로(literally) 받아들여질 가능성이 높거든요. slowly는 주로 특정 작업이나 행동에 대해 **물리적인 속도를 조절하라**는 지시로 해석되는 경우가 많습니다. 하지만 실제로는 속도를 늦추라는 의미를 넘어서, 상대방에게 **조심하라는 경고나 조언의 의미**까지 함께 전달할 때도 쓰여요. 예를 들어, Sip the coffee slowly. It's still pretty hot.(커피를 천천히 마셔. 아직 꽤 뜨거워.) 이라는 문장에서 slowly는 커피가 뜨거우니 다치지 않도록 주의하라는 뜻을 담고 있어요. 또, Drive slowly. We're in a school zone.(천천히 운전하세요. 여긴 학교 구역이에요.)이라는 표현도 마찬가지로, 속도를 줄이라는 의미와 함께 안전하게 운전하라는 메시지를 전달하죠.

이런 상황에서는 slowly 대신 carefully (신중하게)를 써도 자연스럽습니다. 예를 들어, Drive carefully. We're in a school zone.(신중하게 운전하세요. 여긴 학교 구역이에요.)이라고 하면 같은 의미로 받아들여질 수 있어요. 이렇게 slowly는 단순히 느리게 하라는 뜻 뿐만 아니라, 그 안에 **주의와 신중함의 의미까지 포함**하고 있어요.

자, 그럼 다시 처음으로 돌아가서, 친근함과 격려가 담긴 "서두르지 말고 여유 있게 하라"는 조언은 영어로 어떻게 표현할 수 있을까요? 이런 상황에서 영어 원어민들은 **Take it slow.**, **Take it easy.**, 또는 **Take your time.** 같은 표현을 많이 사용해요. 이 표현들은 좀 더 부드럽고 격려하는 느낌을 줘서 상대방이 편안하게 받아들일 수 있죠.

특히 Take it easy.는 정말 다재다능한 표현이에요. 예를 들어, 새로운 일을 하거나 어려운 상황에서 '천천히, 무리하지 말고 해'라는 의미로 자주 사용됩니다. It's a long hike, so take it easy and pace yourself.(긴 산행이니까 무리하지 말고 속도를 조절하세요)라는 문장에서처럼, 상대방에게 서두르지 말고 신중하게 하라는 조언을 자연스럽게 전달할 수 있죠.

또한, 누군가 피곤해 보이거나 과로했을 때 Take it easy.는 '좀 쉬어'라는 의미로도 사용돼요. 예를 들어, You've been working all week. Take it easy this weekend.(일주일 내내 일했으니 이번 주말엔 좀 쉬세요)라고 말하면 상대방에게 휴식을 권유하면서 따뜻한 격려를 전할 수 있어요. 뿐만 아니라, 누군가 화가 나 있거나 스트레스를 받을 때도 Take it easy.는 유용하게 쓰입니다. Hey, take it easy! There's no need to get angry.(야, 진정해! 화낼 필요 없어.)라는 표현처럼 상대방을 부드럽게 진정시키는 데 효과적이에요. 이처럼 Take it easy.는 '천천히 해'의 느낌을 훨씬 더 다양한 상황에서 자연스럽게 표현할 수 있는 표현이에요.

상황에 맞게 사용하면 영어에서도 친근하고 편안한 분위기를 만들어낼 수 있답니다. 그러니 영어로도 Take it easy. 같은 표현을 적극 활용해보세요!

주의하세요!

Take your time.은 단순히 '시간을 가져라'라는 지시가 아니라, 상대방에게 여유를 가지고 천천히 하라는 배려를 전달하는 표현이에요. 단순히 **표면적인 의미를 넘어** 상대방을 **배려하고 신뢰를 표현**하는 것이죠. 많은 영어 표현은 이처럼 단순한 표면적 의미를 넘어 감정, 배려, 또는 사회적 맥락을 담고 있어요. 비슷한 예로 가장 익숙한 표현 중 하나는 Make yourself at home.이에요. 이 표현은 문자 그대로는 '집처럼 행동해라'라는 뜻이지만, 실제로는 '편하게 계세요'라는 환영의 마음을 담고 있죠. 이런 표현들은 상대방에게 편안함을 주고 대화의 분위기를 부드럽게 만들어주는 중요한 역할을 해요.

Take it easy.

98

그녀는 정말 부지런해요.

SHE'S SO DILIGENT.

?

한국인들은 정말 부지런해요. 그래서인지 영어로 말할 때
diligent라는 단어를 원어민보다 자주 사용하는 경향이
있어요. 한국어에서 '부지런하다'는 누군가가 열심히
일하고, 집중하며 헌신적인 모습을 묘사할 때 흔히
사용하는 표현이에요. 그래서 어떤 사람에 대해 말할 때
She's so diligent.(그녀는 정말 부지런해요)라고 묘사하는 경우가 많죠.
하지만 영어에서는 diligent라는 단어가 일상적인 회화에서는
다소 형식적이거나 어색하게 들릴 수 있어요. 원어민들은
이런 상황에서 **좀 더 구체적으로 상황에 딱 맞는 표현**을 선택하는데,
예를 들어 She's so passionate.(그녀는 정말 열정적이에요),
She's so dedicated.(그녀는 정말 헌신적이에요), 또는
She's so committed.(그녀는 정말 열심히 해요) 같은 표현을 더 자주
사용해요. 이 표현들은 단순히 열심히 일하는 것만이 아니라
그 사람의 열정과 헌신까지 강조해줘요.
물론 diligent가 틀린 표현은 아니에요. 하지만 이 단어는
주로 더 **격식을 갖춰야 하거나 전문적인** 상황에서 사용돼요.
예를 들어, 학업이나 업무 같은 전문적인 환경에서는 diligent가
신중하고 철저하게 일을 처리하는 사람을 묘사하는 데 적합해요.
She's a diligent researcher who double-checks every fact.
(그녀는 모든 사실을 두 번씩 확인하는 부지런한 연구원이에요)처럼 말이에요.
여기서는 연구에 철저하게 임하는 모습을 강조할 수 있어요.
또한, **꾸준한 노력을 강조**하고 싶을 때는 diligence라는 단어가
자주 쓰여요. 특히 어려움을 극복한 사람의 노력을 칭찬할 때
사용하면 자연스러워요. Her diligence paid off when she finally
got her PhD.(그녀의 부지런함 덕분에 마침내 박사 학위를 받았어요)라는
문장에서처럼 말이에요. 여기서는 지속적인 노력이
성공으로 이어졌다는 의미가 담겨 있죠.

결국, 일상적인 대화에서는 diligent 대신 passionate, dedicated, committed 같은 단어들이 더 자연스럽게 들리고, 그 사람의 열정과 헌신을 좀 더 생생하게 전달할 수 있어요. 하지만 격식을 갖춰야 하거나 전문적인 상황에서는 여전히 diligent와 diligence가 적절하게 쓰일 수 있으니, 그 차이를 이해하고 상황에 맞게 사용하면 좋겠죠.

주의하세요!

dedicated는 주로 **특정 일이나 목적에 헌신적**이라는 의미로 사용돼요. dedicated는 열정을 가지고 지속적으로 노력하는 사람을 묘사할 때 적합해요. 예를 들어, She's dedicated to her work.(그녀는 일에 헌신적이에요)라고 하면, 그 사람의 일에 대한 열정과 헌신을 강조하는 것이죠.

committed는 조금 더 강한 의미로, **특정 약속이나 책임을 다하려는 의지**를 강조해요. He's committed to improving his skills.(그는 자신의 기술을 향상시키는 데 헌신하고 있어요)처럼, 목표나 책임을 위해 꾸준히 노력한다는 뉘앙스를 나타내요. committed는 **장기적인 책임이나 약속**을 나타내는 데 특히 잘 어울려요.

She's
SO
dedicated.

99

24시간 영업하는 마트는 편리해요.

A 24-HOUR SUPERMARKET IS COMFORTABLE.

?

영어를 사용할 때, 무의식적으로 단어를 잘못 쓰는 경우가 종종 있어요. comfortable과 convenient가 바로 그런 대표적인 예 중 하나예요. 이 두 단어는 한국어로 모두 '편하다'로 번역될 수 있어서 의미를 혼동하기 쉬워요.

하지만 이 단어들은 분명히 다른 상황에서 사용되고, 미묘한 차이를 가지고 있죠. 이런 차이를 이해하지 못하면 의도와 다르게 전달될 수 있습니다.

그렇다면, comfortable과 convenient의 정확한 차이는 무엇일까요?

먼저, comfortable은 **신체적이거나 심리적으로 편안한 상태**를 나타낼 때 사용해요. 예를 들어, 푹신한 의자에 앉아 있을 때 느끼는 편안함이나 긴장이 풀려 마음이 안정된 상태를 묘사할 때 적합해요. My chair is comfortable.(내 의자는 편안해요)처럼 물리적인 편안함을 설명하거나 For me, working from home is more comfortable than working in an office.(저는 사무실에서 일하는 것보다 집에서 일하는 게 더 편해요)처럼 심리적인 안정감을 표현하는 문장에 사용할 수 있어요.

반면, convenient는 **생활을 더 쉽고 효율적으로 만들어 주는 상황**에 대해 쓰여요. 예를 들어, 집 근처에 마트가 있어서 장보기가 쉽거나 대중교통이 잘 연결되어 있는 상황을 묘사할 때 적합해요. Having a supermarket on the 1st floor is really convenient. (1층에 마트가 있어서 정말 편리해요)나, It's convenient to have a printer at home.(집에 프린터 있는 건 편리해요) 같은 문장에서 볼 수 있듯이, '편리함'이라는 실용적인 측면을 강조해요.

결론적으로, comfortable은 몸과 마음이 편안한 상태를 표현하고, convenient는 일상생활을 더 효율적이고 간편하게 만들어 주는 상황을 묘사하는 단어예요. 이 차이를 이해하면 두 단어를 더 자연스럽게 사용할 수 있을 거예요.

주의하세요!

convenient는 사람에게 직접 사용하면 **무례하게 들릴 수** 있어요. 예를 들어, He is convenient.라고 말하면, 그 사람이 마치 나에게 유용한 도구라는 말처럼 느껴지기 때문에 듣는 사람에게 불쾌감을 줄 수 있어요. **사람을 묘사할 때는** helpful(도움이 되는)이나 kind(친절한) 같은 단어를 사용하는 것이 더 자연스럽고 예의에 맞아요. 예를 들어, He is so helpful.(그는 정말 도움을 많이 줘요)이라고 표현하면, 상대방의 행동이나 성격을 긍정적으로 강조할 수 있죠.

A 24-HOUR
supermarket
is convenient.

네이티브가 듣고 바로 알아챌 영어 실수들

100

만족해요.

I'M
SATISFIED.

?

영어를 가르치다 보면 학생들이 I am satisfied.라는 표현을
자주 사용하는 것을 발견하게 돼요. 예를 들어,
수업에 만족했다며 I'm satisfied.라고 말하거나,
새로 산 커피 머신에 대해 이야기하면서 I'm satisfied with it.
이라고 말하는 경우를 볼 수 있어요.
한국어에서 '만족합니다'라는 말은 다양한 상황에서
긍정적인 감정을 나타내기 위해 자주 쓰이는데, 이를 영어로
직역하다 보니 satisfied를 과도하게 사용하는
경향이 있는 것 같아요. 하지만 이런 사용은 원어민의
자연스러운 표현과는 다소 거리가 있어요.
사실, satisfied라는 단어는 영어에서 주로 **비즈니스 환경이나**
공식적인 상황에서 더 자주 사용돼요. 예를 들어, 고객 서비스
설문조사에서 Are you satisfied with our service?와 같은 문장에
서 많이 볼 수 있어요. 이러한 사용 맥락 때문에, 일상적인 대화에
서는 satisfied가 오히려 어색하게 느껴질 수 있어요.
그럼, 원어민들은 이런 상황에서 어떤 표현을 사용할까요?
바로 **더 친근하고 자연스러운 단어**인 happy를 많이 써요.
예를 들어, 수업에 만족했다면 I'm happy with the class.라고
말하거나, 결정에 대해 만족감을 표현할 때는
I'm happy with my decision.이라고 하는 것이 훨씬 자연스러워요.
happy라는 단어는 더 일반적이고 부드러운 느낌을 주기 때문에,
일상적인 대화에 잘 어울려요.
또 다른 훌륭한 대체 표현으로는 content가 있어요.
이 단어는 단순히 만족하는 것을 넘어, 현재 상태에 대해
평온함과 안정감을 느낄 때 사용돼요. 예를 들어, I'm content with
my life.라고 하면, '내 인생에 더 이상 바랄 것이 없다'는 느낌의
깊은 만족감을 전달할 수 있어요.

이 표현은 특히 삶의 소소한 행복을 즐기고 있는 상태를 묘사할 때 적합해요. 반면, I'm satisfied with my life.는 다소 딱딱하고 공식적인 느낌을 줄 수 있어요. 이처럼, 영어에서 satisfied는 모든 상황에 적합한 단어가 아니에요. 대신, 맥락에 따라 happy나 content 같은 표현들을 사용하는 것이 훨씬 더 원어민스럽고 매력적인 영어 대화를 만들어준답니다.

주의하세요!

Are you satisfied?(만족하세요?)는 상황에 따라 **비꼬는 뉘앙스로 사용**될 수 있기 때문에 주의가 필요해요. 특히, 누군가 이기적이거나 옳지 않은 행동을 했을 때 이 표현을 비꼬듯이 던질 수 있어요. 그래서 만약 Are you satisfied?라는 질문을 들었다면, 칭찬으로 받아들이기보다는 내가 무슨 잘못을 했는지 돌아볼 필요가 있어요.

A   **Well, are you satisfied?** 이제 만족하세요?

B   **Me? What did I do? Did I do something wrong?**
저요? 제가 뭘요? 무슨 잘못이라도 했나요?

A   **You made a joke about Samantha's weight and she hasn't stopped crying for hours.**
Samantha의 몸무게에 대해 농담하셨는데, 그녀는 몇 시간째 울고 있어요.

I'm happy *with my* **decision.**